# Participação nos Lucros ou Resultados

## Subordinação e Gestão da Subjetividade

FÁBIO DE ALMEIDA REGO CAMPINHO
*Mestre em Direito das Relações Sociais pela Universidade Federal do Paraná.*
*Professor de Direito do Trabalho na Universidade Federal do Paraná*
*e nas Faculdades Santa Cruz – INOVE. Advogado Trabalhista.*

# PARTICIPAÇÃO NOS LUCROS OU RESULTADOS

## Subordinação e gestão da subjetividade

EDITORA
LTr®
SÃO PAULO

Dados Internacionais de Catalogação na Publicação (CIP)
(Câmara Brasileira do Livro, SP, Brasil)

Campinho, Fábio de Almeida Rego

Participação nos lucros ou resultados : subordinação e gestão da subjetividade / Fábio de Almeida Rego Campinho. — São Paulo : LTr, 2009.

Bibliografia.
ISBN 978-85-361-1320-3

1. Cogestão 2. Empregados — Administração participativa 3. Empregados — Benefícios adicionais 4. Incentivos na indústria 5. Lucros — Participação 6. Relações industriais 7. Subjetividade 8. Subordinação I. Título.

09-02640 CDU-34:331.24

Índices para catálogo sistemático:

1. Empregados : Participação nos lucros e resultados da empresa : Subordinação e gestão da subjetividade : Direito do trabalho 34:331.24
2. Participação nos lucros e resultados da empresa : Empregados : Subordinação e gestão da subjetividade : Direito do trabalho 34:331.24



**EDITORA LTDA.**
Rua Apa, 165 — CEP 01201-904 — Fone (11) 3826-2788 — Fax (11) 3826-9180
São Paulo, SP — Brasil — www.ltr.com.br

**LTr 3806.1** **Maio, 2009**

*A minha companheira Simone, a quem devo tudo.*

## Agradecimentos

Seria impossível enumerar todos os que direta ou indiretamente contribuíram para que este trabalho viesse a se concretizar. Sei, portanto, que serei injusto. Apesar disto é necessário correr o risco.

Agradeço aos pais Gilda e Humberto e aos irmãos Alexandre, João, Isabel e Beatriz. Todos, apesar da distância, são muito importantes em tudo o que faço! Aos meus amigos e amigas Júlia, Ramon, Daniel, Ricardo, Christopher, Ana, Fernanda, Fábia, Ana P., Michelli, Andréia, Sandro, Karine, Bruno, Ivan, Cornélio e Geyson.

Aos companheiros e companheiras socialistas que compreenderam a minha ausência, mesmo que com alguma impaciência.

Ao Programa de Pós-Graduação em Direito da UFPR, especialmente a Fátima, Laura, Sandra, Cris, Marcelo e Cecília. Aos professores Celso, Ricardo e Katie, com quem aprendi muito.

À orientadora e amiga Aldacy, que certas vezes me assustou com a confiança depositada em mim, apaixonada pela docência e que sempre me empurrou pra frente, mesmo quando eu estava à deriva. Meu sincero agradecimento!

À co-orientadora Silvia, agradável e imprescindível descoberta, que me recebeu com inacreditável hospitalidade e cujos ensinamentos foram essenciais. Aos colegas do NUPESPAR, que contribuíram muito com o conteúdo desta pesquisa.

Aos alunos José Adão, Reginaldo e Márcio, que me ajudaram a compreender melhor o significado do trabalho nas montadoras.

## Tabelas

As restrições do social são sutis muitas vezes, por isso, também para as questões do trabalho passam despercebidas. São encaradas com naturalidade, pois o trabalho impõe-se como algo de forte conteúdo moral e teor disciplinador por excelência na sociedade ocidental.

Muito foi escrito e se tem refletido sobre o trabalho, buscando suas origens em diferentes interpretações. Cada qual leva o tom da pena que o pensa. A diversidade de culturas imprimiu ao trabalho o peso de um fardo ou o prêmio de uma libertação. Moderno ou antigo, facilitado pela técnica, quase substituído pela tecnologia, o trabalho permanece.

Sobre ele desdobram-se inúmeras formas de gestão para dele extrair maior rendimento. Afinal, trabalho é o único meio de produção estritamente humano, dependente da energia vital despendida para realizá-lo. Não é apenas força física, pois manifesta vontade e inteligência humanas, voltadas aos resultados a serem alcançados, sobretudo nas novas condições de competição. Tornou-se trabalho-fim.

O movimento do capital em desenvolvimento acelerado de internacionalização, penetrando todos os poros da vida social, foi implacável com o controle do trabalho. Se, antes, na consolidação aperfeiçoada da indústria, a racionalidade do taylorismo e a rigidez fordista se completavam, na sociedade informacional a flexibilidade da produção compôs com um trabalho chamado a participar e a alargar hierarquias organizacionais móveis, heterogêneas, híbridas, elásticas.

Cumprir uma adequação do processo de acumulação passou a ser a pedra de toque da relação capital e trabalho. Novas formas de produzir e de incorporar o trabalho compatível com essa expansão-contração capitalista dominaram o espaço fabril e dos serviços, duas áreas mais e mais interdependentes e ajustadas à chamada valorização improdutiva do capital, capaz de realizar lucros sem ter que passar pelos caminhos da produção material.

A fluidez do capitalismo financeiro e a reestruturação produtiva dispensaram trabalho vivo, mas não vivem sem ele. Um e outro movimento do capital se deixaram conduzir pela labilidade, agilidade e eficiência dos processos, reorientando a produção às demandas num circuito perverso de sujeição ao mercado. Todas as invenções e as inovações visam atender os desejos desse supremo e poderoso senhor.

A flexibilidade definiu a performance do setor produtivo enxuto e desenhou o perfil do trabalhador. Valendo-se da tecnologia ao integrar etapas e níveis das cadeias econômicas, a nova produção flexibilizou processos e produtos, atingindo o tempo, o layout e o trabalho. Restou ao trabalhador ser flexibilizado.

Aqui, o requisito é a gestão. Sem ela não se teria esse novo ordenamento, porque gerir é administrar conflitos, isolá-los, aplainá-los. Gerir implica descobrir e adotar mecanismos que articulem a forma ao conteúdo, a oferta à demanda, o homem às exigências de algo que está fora dele e até do seu controle.

Enquanto uma técnica social, a gestão é uma forma de interferência no curso das coisas, no ritmo da vida. Ávida em colocar parâmetros de execução a qualquer atividade, administrar pessoas se tornou a consciência do século que passou. Verdadeira arte, o domínio do homem pelas coordenadas do seu entorno em termos de tempo e espaço, fez-se uma exigência na sociedade do trabalho.

Se, em momentos dramáticos do processo de acumulação, o capitalismo apelou para a elasticidade linear do tempo de trabalho e esticou a jornada, seu desenvolvimento se encarregou de aprimorar a extração de um maior valor. Entre tantas formas de levar o trabalho ao seu máximo, surgiram: a flexibilização da jornada, o pagamento por incentivos, os círculos de controle da qualidade, a produção por metas, o estímulo individual, o trabalho em grupo, as avaliações por competências, o treinamento em serviço, as práticas envolventes, aproximando trabalhadores e níveis hierárquicos.

Nenhuma época suplanta a dos últimos 30 anos em velocidade e intensidade, as mudanças e a constante incorporação-desincorporação de hábitos sociais em escala ampliada. As relações de trabalho experimentaram avanços nesse tempo de modernidade exacerbada. Persiste, entretanto, a questão fundamental: a repartição desigual da riqueza produzida no arranjo social entre as partes. A subordinação do trabalho ao capital não foi suplantada.

Todas as formas de remuneração do trabalho a partir do assalariamento mantêm a desigualdade clássica, acentuada pela desregulamentação da legislação trabalhista. E ainda se transformaram em matrizes de perspicaz controle sobre o trabalhador.

Como que parodiando o "dilema do prisioneiro", *Fábio Campinho* rompe as amarras de um raciocínio cativo da racionalidade individualista, encontrado com frequência nas análises dos marcos regulatórios das relações de emprego. Com base no caso concreto dos trabalhadores da indústria automobilística de última geração, demonstra o real dilema que enreda a subordinação do trabalho. Desvenda-o pelos meandros aplicativos da moderna remuneração variável — a Participação nos Lucros ou Resultados (PLR).

A exposição das contradições presentes na proposta de participação, em seu aspecto legal, no chão de fábrica ou na ação sindical, coloca em xeque a natureza da autonomia do trabalhador sob o regime produtivo flexível e desarma ciladas argumentativas acerca de mudanças no padrão da subordinação do trabalho ao capital.

Com maestria, *Fábio Campinho* alia o conhecimento do Direito à Sociologia e acrescenta ao referencial da flexibilização da remuneração. Leva-nos a compreender a intrincada relação da PLR com a produtividade colocada em metas de trabalho, mas também responsável pela descentralização das negociações coletivas. O dilema se desfaz, sobretudo, quando a participação se refere aos resultados e, não, participar dos lucros. Recompõe-se a acumulação. E, com este estudo, mais um fio da sujeição/subordinação do trabalhador é recomposto.

Silvia Maria de Araújo

2009

*Sem dúvida a fábrica já conhecia o sistema de prêmios, mas a empresa se esforça mais profundamente em impor uma modulação para cada salário, num estado de perpétua metaestabilidade, que passa por desafios, concursos e colóquios extremamente cômicos.*

Gilles Deleuze

*Saudemos de passagem o sistema "empresa cidadã": nenhum surrealista teria ousado inventá-la!*

Viviane Forrester

Falar sobre trabalho nos presentes dias é adentrar um terreno de incertezas. A célebre frase marxiana "tudo que é sólido se desmancha no ar" poderia, para os mais desavisados, ser considerada de autoria de um autor "pós-moderno". Isto, não por mera coincidência, mas sim porque diante do caráter fluido, volátil e flexível do capitalismo contemporâneo, o passado parece límpido e tranquilo. Sensação que provavelmente não passa de ilusão de ótica, já que se autodestruir e se recompor sobre novas bases não é uma característica nova do capital. Pelo contrário, faz parte de sua essência. Porém, sensação que não deixa de ser real e que, portanto, expressa o turbilhão em que está imerso o presente.

Neste contexto, não faltam visões que questionam a centralidade do trabalho e a noção de classe social, que apontam para o fim do trabalho e para o fim do proletariado. O paradoxo é que essas abordagens ganham fôlego num tempo em que a vida das pessoas está sujeita, em proporções inéditas, aos imperativos do capital.

A centralidade do trabalho transparece, atualmente, não no crescimento do trabalho assalariado, e, muito menos, no aumento da classe operária industrial. É justamente a negação do trabalho que o torna cada vez mais central. É o drama daqueles que se encontram para além do exército industrial de reserva, dos supranumerários, que mantêm o trabalho como categoria chave. Se o capital foi capaz de, através de sucessivas reestruturações, livrar-se de parcela significativa do trabalho vivo, a sociedade capitalista é incapaz de prover um lugar no mundo para os sem trabalho. Permanece a máxima de que para merecer viver é preciso trabalhar. Frase que se torna puro cinismo na contemporaneidade.

Da redução do operariado industrial tiram-se conclusões apressadas. Daí se depreende de uma só vez o fim do trabalho, do proletariado e a perda da capacidade explicativa do conceito de classe social. Há aí alguns equívocos. Em primeiro, lugar deve-se ressaltar que o fato de o capital conseguir, ainda que com a redução do contingente de assalariados fabris, aumentar exponencialmente a produtividade, não tem como corolário lógico a independência desta em relação ao trabalho. A tão alegada produtividade das máquinas é uma quimera. Por um lado, o trabalho vivo é transpassado para as máquinas através da automação, por outro, intensifica-se o trabalho e diminuem-se os tempos mortos por meio de inúmeros expedientes de gestão.

Por óbvio que não se podem ignorar os impactos da redução do trabalho industrial sobre as noções de classe e de proletariado. A fábrica foi, durante longa data, o reduto quase que exclusivo de construção de uma "experiência de classe" e também a base da atividade política dos trabalhadores. Seu enxugamento não deixa de ser um fator de desorientação. Por outro lado, o capital é, atualmente, capaz de submeter bilhões de seres humanos aos seus imperativos em detrimento e para além das fronteiras das fábricas. Proletários sim, ou, nos dizeres de *Antunes*, "classe que vive do trabalho"(1), ainda que não na acepção restrita com que anteriormente se utilizavam tais termos.

As incertezas acima descritas não deixam de produzir efeitos nos marcos regulatórios das relações entre capital e trabalho. O Direito do Trabalho nasce das lutas empreendidas no âmbito do trabalho industrial. Se ao longo do século XX suas categorias buscam superar esses limites, tornando-se mais abstratas e genéricas, nem por isso se pode dizer que tal marco originário tenha sido ultrapassado completamente. Por mais que o direito tente suplantar a realidade social que lhe serve de substrato, nunca o consegue fazer por inteiro. Neste sentido, a forma tradicional de verificação da existência de subordinação (critério central para a caracterização da relação de emprego e, portanto, para a incidência das normas trabalhistas), não por coincidência, se utiliza de um feixe de indícios que correspondem em grande parte às características do padrão produtivo hegemônico durante boa parte do século XX: o taylorismo-fordismo. Neste sentido, as reduções do assalariamento industrial, bem como as reestruturações do padrão produtivo, impõem uma série de desafios ao Direito do Trabalho.

Esta pesquisa pretende abordar alguns destes dilemas, enfatizando, sobretudo, questões internas ao trabalho industrial, ou seja, trata-se dos remanescentes, "sobreviventes" das sucessivas reestruturações. Busca-se compreender as transformações que se operam na forma de subordinação real do capital ao trabalho em decorrência das transformações advindas da implantação da chamada "produção enxuta". Considera-se que a reflexão sobre as mutações dos modelos produtivos pode vir a contribuir para uma melhor compreensão dos desafios que marcam a disciplina trabalhista, inclusive para uma análise crítica do conceito de subordinação jurídica.

Porém, a discussão em torno do tema da subordinação do trabalho ao capital será feita a partir de um outro ponto específico, que com ela interage: da análise da implantação no direito brasileiro da participação dos trabalhadores nos lucros ou resultados das empresas, mais conhecida pela abreviação de PLR. A hipótese que orienta a pesquisa é que a sua introdução em alguns setores produtivos brasileiros apontaria para uma gradativa modificação na forma de exercício do poder empregatício. O fato de se pactuar uma série de metas relativas à produtividade, à qualidade, ao absenteísmo, à redução de custos, etc., indicaria uma tendência de deslocamento da supervisão direta da prestação de trabalho através de expedientes de vigilância, para o controle por resultados, baseado no alcance ou não das metas previamente estipuladas.

Para verificação da pertinência de tal hipótese estudou-se o papel desempenhado pelos programas de PLR nas montadoras de automóvel da Região Metropolitana de Curitiba (RMC): a Volkswagen-Audi, a Renault e a Volvo. A opção por tais empresas deu-se por dois principais motivos principais. Em primeiro lugar porque as três podiam ser consideradas "empresas enxutas". Empresas com baixo número de empregados, alto índice de terceirização, integração *just in time* em relação aos fornecedores, programas de qualidade total, trabalho em grupo, polivalência dos trabalhadores, reduzidos graus

---

(1) Sobre o conceito de classe que vive do trabalho vide ANTUNES, Ricardo. *Os sentidos do Trabalho*: ensaio sobre a afirmação e negação do trabalho. 6. ed. São Paulo: Boitempo, 2002.

hierárquicos, etc. Em segundo lugar, porque os acordos de PLR por elas firmados demonstravam claramente a intenção de disciplinar uma série de aspectos referentes à gestão. Diferentemente de grande parte dos acordos sobre o tema, que tem como principal escopo o pagamento de uma parcela não salarial com vistas à redução dos custos empresariais, nestes acordos transparecia uma tentativa de integrar os programas de participação com os mecanismos de gestão típicos das "empresas enxutas". Fixam, portanto, metas relativas à qualidade, à sugestão de melhorias, à limpeza do local de trabalho, à redução de refugos, etc.

O trabalho buscou compreender como se dá a passagem do aspecto formal relativo aos acordos coletivos que negociam a PLR para a realidade do trabalho desenvolvido no âmbito das montadoras. Como as metas prescritas por meio de instrumentos coletivos interagem com a realidade do trabalho e também com as formas pelas quais os trabalhadores interpretam sua atividade? Até que ponto a fixação de metas realmente impulsiona o maior engajamento dos trabalhadores com as suas atividades e o acréscimo da produtividade do trabalho? Além disso, procurou-se analisar se a fixação de metas constitui verdadeira inovação no modo como se dá a subordinação do trabalho ao capital em tais empresas.

Quanto aos aspectos metodológicos, o caminho foi percorrido por meio de: 1) pesquisa bibliográfica acerca das transformações ocorridas no "mundo do trabalho" no último quartel do século XX; 2) pesquisa bibliográfica acerca da instituição da PLR no Brasil e de modelos similares no direito comparado; 3) pesquisa bibliográfica acerca do conceito jurídico de subordinação; 4) pesquisa bibliográfica sobre as montadoras de automóvel, as várias gerações de sua implantação no Brasil, as diferentes formas de gestão do trabalho e as especificidades relativas às empresas instaladas na RMC; 5) análise dos acordos coletivos de PLR firmados no âmbito das montadoras de automóvel da RMC; 6) análise de entrevistas qualitativas e semiestruturadas realizadas com membros do Sindicato dos Metalúrgicos de Curitiba (SMC), com a Comissão de Fábrica da Volkswagen-Audi e da Volvo, com um gerente de relações trabalhistas e de comunicação da Volkswagen-Audi, e com trabalhadores da Volkswagen-Audi e da Renault, sendo parte das entrevistas realizadas pelo próprio autor e parte cedidas por pesquisadores membros do Núcleo de Estudos do Sindicalismo do Paraná (NUPESPAR — UFPR); 7) visitas monitoradas às plantas da Volkswagen-Audi e da Volvo; e 8) conversas informais frequentes com alguns trabalhadores das montadoras.

A organização do texto deu-se através de sua divisão em três capítulos.

O Capítulo 1 trata da delimitação do conceito de subordinação para o Direito do Trabalho, dos seus fundamentos, sua trajetória e, também, suas relações com as formas reais de organização da produção. Discute a crise atual do conceito diante das diversas transformações pelas quais o "mundo do trabalho" vem passando. Finalmente, analisa o recente estímulo à ampliação dos espaços de autonomia dentro das fronteiras do trabalho juridicamente subordinado. Isto, através da atribuição de novas responsabilidades aos trabalhadores, do incitamento à participação, à colaboração, à comunicação, à iniciativa, etc.

O Capítulo 2 analisa o papel desempenhado pela PLR em comparação com as demais formas de remuneração do trabalho. Busca relatar o histórico das discussões sobre a Participação nos Lucros no Brasil e os motivos que fizeram com que um tema que ficara adormecido por tanto tempo se tornasse quase consensual. Além disso, discutem-se as vantagens competitivas da PLR no que diz respeito às reduções dos custos empresariais, à flexibilização do sistema remuneratório e, também, enquanto instrumento de gestão empresarial.

O Capítulo 3 aborda como a PLR vem sendo negociada no âmbito das montadoras de automóvel da RMC e as principais características dos acordos firmados com cada uma das empresas. Discute-se também como vem sendo a integração entre as metas pactuadas no âmbito da PLR e os métodos gerenciais de cada uma das empresas analisadas, até que ponto o instrumento de participação é capaz de alterar a forma de se trabalhar, impulsionando um maior engajamento subjetivo no trabalho. Por último, indaga-se se a PLR implica verdadeira inovação no sentido de uma gradativa alteração da forma de subordinação do trabalho ao capital, com o deslocamento da vigilância sobre a própria atividade de trabalho para o controle de resultados.

# Capítulo I

# Mutações do Trabalho Subordinado no Setor Automobilístico Brasileiro: Da Fábrica Taylorista-Fordista à Empresa Enxuta e Flexível

## *1. DA SUBORDINAÇÃO COMO PILAR CENTRAL SOBRE O QUAL SE ERIGE O DIREITO DO TRABALHO*

A subordinação é certamente um dos conceitos mais relevantes do Direito do Trabalho, tanto nos casos brasileiro e latino-americano, quanto no que se refere à tradição europeia do qual eles são tributários. Sua delimitação confunde-se com as fronteiras da disciplina trabalhista, sendo ela o elemento chave para a constituição de um objeto e um campo próprio, dissociados do Direito Civil e Comercial. É na subordinação que se encontra, na maioria das vezes, a chave para a proteção trabalhista e social. Frequentemente, sua identificação é o passaporte para uma gama de direitos, os quais certamente terão intensidades e amplitudes diferenciadas conforme o grau de proteção social atingido pelo Estado e a capacidade organizativa e normativa das entidades sindicais.

É certo que há casos em que a presença da subordinação não implica integração ao regime jurídico trabalhista, cabendo ainda a pesquisa de outros elementos caracterizadores (no caso do art. 3º da CLT a não eventualidade, a continuidade e a onerosidade), mas nem por isso se deve olvidar da centralidade daquele conceito. Não se quer com isso ignorar importantes situações em que mesmo havendo subordinação não se tem vínculo trabalhista (por exemplo, trabalhadores avulsos, eventuais[1] e estagiários); apenas considera-se que tais ocorrências são periféricas, ainda que estejam aumentando em proporção devido à recente avalanche flexibilizadora e às transformações na organização da produção, e que não desvirtuam o fato de a maior linha de fronteira capaz de demarcar as diferenciações com relação ao trabalho autônomo estar alicerçada no conceito de subordinação[2]. Foi a partir deste conceito que se tornou possível caracterizar com certa estabilidade, dentre as diversas situações de prestação de trabalho, quais deveriam adquirir proteção especial típica dos contratos de emprego, ou seja, adentrar à esfera do Direito do Trabalho.

É verdade que no Brasil nunca tivemos um "compromisso social-democrata"[3] amplo como se deu em diversos países europeus nos trinta anos "gloriosos" do pós-guerra; sempre restou um contingente expressivo da "classe que vive do trabalho" às margens da sociedade salarial. Porém, não menos verídica é a constatação de que a limitada e contraditória proteção aqui esboçada, principalmente através da CLT, constitui avanço não desprezível na regulação das relações de trabalho.

No entanto, ao se tratar da subordinação, não se está apenas descrevendo um mecanismo de reconhecimento dos direitos típicos àqueles que adentram a esfera de uma relação salarial. A complexidade do tema extrapola estes parcos limites. Está-se diante, também, de um mecanismo de legitimação e naturalização do poder empregatício, ou seja, concomitantemente ao reconhecimento de direitos, dá-se feição legal à sujeição do trabalho ao capital. *Kahn-Freund* explicita tal questão de maneira sintética:

---

(1) Sobre este caso, Godinho explica que "a legislação trabalhista clássica não incide sobre o trabalhador eventual — embora não haja dúvida de que ele também possa ser um trabalhador subordinado. Por ser um 'subordinado de curta duração' (Amauri Mascaro Nascimento), esporádica e intermitentemente vinculado a distintos tomadores de serviço, falta ao trabalhador eventual um dos cinco elementos fático-jurídicos da relação empregatícia — exatamente o elemento que enfatiza a ideia de permanência —, o que impede sua qualificação como empregado". (DELGADO, Mauricio Godinho. *Curso de Direito do Trabalho*. São Paulo: LTr, 2004. p. 294).

(2) Tal é a opinião de Melgar, para quem "en la larga e ininterrumpida tarea llevada a cabo por legisladores, jueces y autores para indentificar con precisión el tipo de trabajo regulado por el Derecho el Trabajo, viene siendo hilo conductor predominante la atribución a ese trabajo de la nota de dependiente o subordinado" (MELGAR, Alfredo Montoya. Sobre el trabajo dependiente como categoria delimitadora del derecho del trabajo. In: VILLALÓN, Jesús Cruz (Org.). *Trabajo subordinado y trabajo autónomo en la delimitación de fronteras del derecho del trabajo*. Madrid: Tecnos, 1999. p. 57). Opinião partilhada também por Rodríguez-Piñero e Bravo-Ferrer: "la dependencia delimita el campo de aplicación del Derecho del Trabajo, y es un componente sustancial del contenido del contrato de trabajo" (RODRÍGUEZ-PIÑERO, Miguel; BRAVO-FERRER. Contrato de Trabajo e autonomia del trabajador. In: VILLALON, *op. cit.*, p. 21).

(3) A constituição fordista, ou, ainda, o compromisso social-democrata, foi resultado de um pacto firmado no pós-guerra em diferentes países europeus entre as respectivas burguesias nacionais e a classe operária industrial, organizada em torno de partidos e sindicatos operários. Os termos deste pacto fixavam certa repartição da renda proveniente da exploração do trabalho desde que os operários renunciassem à ideia de revolução. Não se quer dizer com isso que as diversas constituições formais tenham sido, neste período, idênticas; nem que tenha havido em todos os casos um processo único, ou um pacto escrito entre as forças sociais em conflito. Trata-se o poder constituinte como um processo dinâmico de correlação de forças, mas que assumiu neste período certa homogeneidade material (NEGRI, Antônio. Constituent Republic. In: VIRNO, Paolo; HARDT, Michael, *Radical thought in Italy*. Minneapolis: University of Minnessota Press, 1996. p. 212-221).

*Los recursos del capital no pueden ser utilizados por nadie (ya se trate de una entidad privada o pública) sin ejercer un poder de mando sobre personas. Esto es una afirmación obvia o, al menos, devería serlo. En cualquier caso, no se conoce ningún sistema jurídico que haya intentado sustituir las relaciones subordinadas por relaciones de coordinación. Excepción hecha de las empresas unipersonales, los fines económicos no pueden lograrse sin un orden jerárquico dentre de la unidad productiva. No puede haber relación de trabajo sin un poder de mandar y un deber de obedecer, es decir, sin este elemento de subordinación en el que los juristas corretamente vem la nota fundamental del 'contrato de trabajo'. Sin embargo, el poder de mandar y el deber de obedecer pueden ser regulados. Un elemento de coordenación puede ser introducido en la relación de trabajo. Coordinación y subordinación son principios graduables, peró, por fuerte que sea el elemento coordenación, siempre existirá y deberá existir un residuo del poder de mando*[4].

A ideia de que o real é apenas um dos elementos dentre as diversas variáveis possíveis não é a mais apreciada pelo autor, mas a pobreza utópica e a não perspectiva de uma possibilidade associativa para além do capital não podem ocultar a riqueza analítica e a percepção, assim como em *Weber*, de que mesmo os países ditos comunistas se apressaram em adotar uma gestão heterônoma do trabalho. Para *Weber*, isso não deixa de ser algo lógico, já que tanto a organização fabril como a estatal atuam conforme um mesmo tipo ideal de dominação, a dominação racional-legal[5], em que a validade formal das regras é fator de legitimação da sujeição, sejam estas pautadas pela autonomia privada (contrato individual ou coletivo) ou pelo ordenamento jurídico estatal.

Portanto, indissociável da proteção ao trabalho subordinado está a legitimação e fundamentação jurídica do poder privado[6], o poder de o empregador organizar os fatores capital e trabalho da maneira que melhor lhe aprouver, de forma a atender os fins últimos de seu empreendimento, que no caso da empresa capitalista não pode ser outro

---

(4) KAHN-FREUND, Otto. *Trabajo e Derecho*. 3. ed. Madrid: Ministerio de Trabajo y Seguridad Social — España, 1987. p. 53.

(5) Weber descreve como a racionalidade formal-legal assume preponderância nas mais diversas instituições modernas: no Estado, através de seu corpo burocrático, nos partidos políticos, nas fábricas, etc. Nelas impera a lei do cálculo e a previsibilidade em detrimento de outras formas "irracionais" de administração (WEBER, Max. *Parlamento e Governo na Alemanha Reordenada*: crítica política do funcionalismo e da natureza dos partidos. Petrópolis: Vozes, 1993. p. 42). Kurz, sem contrariar a constatação de Weber, considera que o socialismo real, embora com roupagem ideológica marxista, foi, em verdade, um brutal esforço de modernização. Uma grandiosa mobilização social — pautada, é claro, por uma repressão incomensurável — empreendida com o objetivo de industrializar em poucos anos uma região completamente atrasada em relação aos países da Europa Ocidental. Desta forma, o estatismo instaurado pela Revolução de Outubro era, na realidade, uma condição para a modernização. Só o Estado poderia acumular os recursos em escala necessária para a modernização industrial da União Soviética (KURZ, Robert. *O colapso da modernização*: da derrocada do socialismo de caserna à crise da economia mundial. 5. ed. rev. Rio de Janeiro: Paz e Terra, 1992). Análise esta que, embora perceba claramente o conteúdo autoritário do Estado Soviético, não considera o poder de mando como algo natural e inevitável.

(6) Sobre isso, Piñero e Bravo-Ferrer são enfáticos: "El Derecho del Trabajo supondrá intervenciones normativas del Estado y mecanismos de autotutela del trabajador, que limitan la autonomía contractual y el exceso de poder contractual del empresario, sin tratar de negar o suprimir el poder empresarial y la sujeción del trabajador a los que da legitimidad y fundamentación jurídica" (PIÑERO, Rodríguez; BRAVO-FERRER, *op. cit.*, p. 23).

que o lucro (o fato de a doutrina e a jurisprudência estarem cada vez mais preocupadas em, alicerçadas nos direitos fundamentais e de personalidade, limitar o campo de incidência daquele poder, embora constitua notável avanço, não muda fundamentalmente tal assertiva[(7)]). Cabe também ao empregador dirigir e fiscalizar a correta prestação de trabalho, direcionando o que, nos dizeres de *Marx*, seria o emprego de cérebro, músculos e nervos[(8)]. Por último, resta a prerrogativa fatal que, para *Melhado*, possui proeminência sobre as demais formas de poder empregatício. O poder disciplinar é aquele que em última instância torna possível a manifestação das demais formas de poder, as quais "somente alcançam uma eficácia real porque a autoridade patronal está radicada e amparada na autotutela privada"[(9)]. Sem a mesma, a possibilidade de impor, através do regulamento de empresa, uma série de condutas genéricas sobre os padrões de comportamento adequados ao trabalho ficaria totalmente sem operatividade. Afirmação que não implica a aceitação de que a obediência tenha como único instrumento a coação — haja vista as diversas formas de premiação do "operário padrão" através de diferenças remuneratórias variáveis de acordo com as posições no plano de carreira das empresas — mas que a considera como instrumento final, capaz de agir quando os meios consensuais e promocionais falharem[(10)].

O poder empregatício, tal como descrito acima, com suas vertentes organizativas, diretivas, fiscalizadoras e disciplinares, pode assumir, em sua conotação prática, intensidades e gradações diferenciadas, dependendo, segundo *Cueva*, do julgamento do próprio empregador[(11)]. A dispensa de uma vigilância e orientação mais incisivas sobre o processo de trabalho, por parte do empregador ou seu preposto, de forma alguma descaracteriza esse poder privado[(12)]. Não se faz necessário que haja efetivo direcionamento da prestação laborativa, pois a simples potencialidade já é elemento suficiente para que se considere a onipresença do poder e, portanto, sua outra e inafastável face: a subordinação.

---

(7) Vianna possui importante obra que caminha no sentido da tentativa de limitação do poder diretivo empregatício, inclusive através do direito de resistência (VIANNA, Márcio Túlio. *Direito de Resistência*. São Paulo: LTr, 1996).

(8) MARX, Karl. *O capital*: crítica da economia política. 20. ed. Rio de Janeiro: Civilização Brasileira, 2002. livro 1. v. 1. p. 66.

(9) MELHADO, Reginaldo. *Poder e Sujeição*: os fundamentos da relação de poder entre capital e trabalho e o conceito de subordinação jurídica. São Paulo: LTr, 2003. p. 26.

(10) O debate doutrinário acerca dos poderes do empregador é farto. Não se objetiva aqui a discussão das diversas concepções acerca da natureza jurídica, do fundamento e da classificação das diversas facetas desse poder. Sobre isto vide ASSIS, Rui. *O poder de direção do empregador*. Coimbra: Ed. Coimbra, 2005, e COUTINHO, Aldacy. *Poder Punitivo Trabalhista*. São Paulo: LTr, 1999.

(11) "Y es que siendo la correlación del deber jurídico de subordinación del trabajador al patrono, puede éste disponer dela da fuerza de trabajo de aquél en la forma que estima más adecuada, esto es, bien dirigiendo permanentemente el trabajo o bien dejando a la iniciativa individual el desarrollo de su propia energía de trabajo." (DE LA CUEVA, Mario. *Derecho Mexicano del Trabajo*. 3. ed. Mexico: Porrua, 1949. Tomo I, p. 515).

(12) Sobre isto Moraes Filho diz que para que se caracterize a subordinação "a fiscalização e controle do empregador não precisam ser constantes e permanentes, nem se torna necessária a vigilância técnica contínua dos trabalhos efetuados". (MORAES FILHO, Evaristo, *Introdução ao Direito do Trabalho*. São Paulo: LTr, 1971. p. 222).

O esforço doutrinário para a definição da subordinação é um dos mais caros à disciplina trabalhista, certamente por ser o ponto nevrálgico de sua própria constituição. Tal persecução, no entanto, está longe de se acabar. Se durante boa parte do século XX conseguiu-se, na Europa ocidental e também no Brasil, uma estabilização doutrinária e jurisprudencial do conceito capaz de lhes garantir (em maior ou menor medida) efetividade prática e decidibilidade, e se ele pôde funcionar durante largo período com capacidade de atração considerável, incorporando setores cada vez mais amplos dos trabalhadores, extrapolando em muito a tutela inicial restrita ao operariado fabril urbano, não parece possível ignorar que os tempos atuais são de retração. Neste momento, a unidade provisória se desfaz e as forças centrífugas (que fogem à incidência do Direito do Trabalho) ganham ímpeto considerável. Além disso, não parece difícil notar que a conceituação clássica de subordinação vai gradativamente deixando de fora percentuais cada vez maiores de trabalhadores que, ainda que se submetam às mais diversas formas de controle, não o fazem segundo a mesma dinâmica do poder.

O que se pretende discutir é como as mudanças nas formas de distribuição do poder no âmbito da produção acabam por tornar inoperantes os mecanismos de proteção, construídos em um longo trajeto pela doutrina e jurisprudência trabalhistas. Para tanto, pretende-se realizar um estudo de caso: a pesquisa da configuração da subordinação em um setor da produção industrial brasileira — o metalúrgico — e, ainda mais especificamente, nas montadoras de automóveis de Região Metropolitana de Curitiba. O intuito é relacionar a disciplina jurídica da subordinação com as relações de poder internas à produção, abordando as mudanças operadas nestas relações durante os últimos dois decênios, impulsionadas pelo que a sociologia do trabalho denomina "reestruturação produtiva". Mas, para fazer tal relação, é preciso previamente analisar a configuração da noção clássica de subordinação e também os aspetos que a fazem datada, ou seja, que a circunscrevem à organização do trabalho nos moldes do taylorismo-fordismo.

### *1.1. Intercâmbio entre capital e capacidade de trabalho: a "naturalidade" da subordinação*

Na tentativa de clarear o tema da subordinação devem-se enfrentar diversos desafios que possuem especificidades próprias, mas que estão relacionados de forma intricada. Trata-se do esforço de conceituação, do delinear de uma explicação jurídica e que torne o conceito independente dos condicionamentos econômicos e sociológicos (embora nunca totalmente) e, também, de sua fundamentação, ou seja, das razões que explicam sua existência.

O aspecto que geralmente está no primeiro plano da conceituação tradicional de subordinação é a dependência daquele que presta o trabalho em relação às ordens e à direção dada pelo empregador. É este último que tem a incumbência de canalizar, conforme o fim considerado mais adequado, a energia que será despendida pelos empregados. Quanto a estes, devem ser obedientes, zelosos, diligentes e fiéis, cumprindo a prestação conforme o estipulado pelo patrão. Tal fenômeno é descrito por *Colin* como "um estado de dependência real criado por um direito, o direito de o empregador comandar,

dar ordens, donde nasce a obrigação correspondente para o empregado de se submeter a essas ordens"[(13)]. Já a descrição de *Barassi* é composta pelos seguintes elementos:

> *Per la finalità che non lo concernono in modo primario ma normalmente appartengono a chi con lui ha stipulato il contratto (...) secondo le direttive imposte (per il precedente presupposto) dal contraente a cui va prestato il lavoro (...) col costante controllo e a rischio del datore di lavoro*[(14)].

O pressuposto presente em ambas as conceituações, mas que se reproduz em boa parte da doutrina, tem como cerne a relação entre mando e obediência. A relação de permuta entre salário e trabalho não pode se consolidar praticamente em um contexto capitalista sem seu corolário lógico, ou seja, a necessidade de adaptação da prestação aos fins da organização. Neste sentido, embora o aspecto ético envolvido no procedimento de naturalização da sujeição possa ser passível de crítica, não se deve descurar que a opção doutrinária é certamente coerente de um ponto de vista interno. A crítica, assim, só será cabível à medida que o observador se posicione com exterioridade.

Ainda que não se possa negar o mérito dos diversos doutrinadores que se esforçam na tentativa de limitar a extensão dos poderes empregatícios, tentando retirar-lhes a naturalidade com que são descritos pela doutrina mais conservadora, não se pode deixar de apontar para alguns riscos de tais empreitadas, que revelam, algumas vezes, um excesso de confiança no direito, como se suas categorias se confundissem com a realidade social com as quais interagem; ou, ainda, como se mudanças conceituais pudessem por si só alterar características estruturais das relações sociais e econômicas que elas visam regular.

Portanto, a naturalidade com que reiteradamente a doutrina trata da subordinação pode ser tudo, menos ilógica, e talvez por isso, para a grande surpresa de alguns, argumentos marxistas e liberais podem convergir. Isto de fato ocorre em certas tentativas de fundamentar o poder diretivo como advindo do direito de propriedade sobre os meios de produção. Tal coincidência, no entanto, embora possa ser utilizada como forma de desqualificação das posições, não deveria causar surpresas. É que o argumento justificador do poder como advindo da propriedade, ainda que ideológico, pode coincidir com uma operação real: ilude porque naturaliza o que é histórico, mas alude porque torna visível o papel real desempenhado pelo domínio dos bens na sociedade capitalista. Apesar disso, os objetivos são diferentes. Em um caso procura-se legitimar, no outro, almeja-se a crítica.

O exemplo acima, entretanto, não significa a adoção por parte do autor da posição de que o poder empregatício advém do direito de propriedade. Pelo menos não se aceita aqui tal assertiva sem uma série de mediações[(15)]. Quis-se revelar, apenas, que parece

(13) COLIN, P., *apud* MORAIS FILHO, *op. cit.*, p. 222.

(14) BARASSI, Lodovico. *Il diritto del lavoro*. Milano: Dott. Giuffrè, 1949. p. 251.

(15) O domínio sobre as coisas por si só não enseja poder algum. Portanto, o poder adquirido em virtude da propriedade sobre determinado bem só pode ser devidamente compreendido em sua inserção histórica. São as relações sociais típicas de uma formação social capitalista que dão sentido para as relações entre homens e bens que nela se estabelecem.

proveitoso para a crítica percorrer exaustivamente os desdobramentos daquilo que se critica. Não se deve impor barreiras morais artificiais ao objeto de estudo, como se faz quando os juristas, apoiados em princípios cristãos e, pretendendo superar o individualismo liberal, negam o caráter de compra e venda ínsito ao contrato de trabalho baseando-se no princípio da dignidade da pessoa humana(16). O voluntarismo se sobrepõe ao rigor analítico. É como se bastasse considerar que o trabalho não é mercadoria para que em um passe de mágica ele deixasse de sê-lo(17). Não obstante, como diz *Melhado*, "trata-se apenas de mais um discurso jurídico que não altera nem deseja influir sobre a substância do seu referente, que são as relações econômicas de corte antagônico materialmente estabelecidas entre empregador e empregado"(18).

*Marx*, ao discorrer sobre o intercâmbio entre capital e capacidade de trabalho, dá contribuições importantes para a compreensão estrutural do contrato de trabalho. Para ele a permuta que se dá entre o trabalhador que *livre* e *transitoriamente* dispõe de sua energia vital, física e intelectiva, cedendo-a em caráter temporário ao uso e controle do capitalista, é uma relação de compra e venda. Trata-se de troca entre duas mercadorias: salário e capacidade de trabalho. Este último termo, no entanto, pode causar alguma estranheza, pois, em "O capital", *Marx* se utiliza principalmente da expressão força de trabalho(19), ainda que defina ambas como sinônimas(20). No entanto, nos "Grundrisse" há inúmeras referências à capacidade de trabalho, apresentando uma conotação diferenciada. A justificativa parece clara na seguinte passagem:

> *Assim como ocorre com os demais vendedores de mercadorias, a determinação formal da relação lhe interessa tão pouco quanto o uso que o comprador fará de sua mercadoria. (...) Se o capitalista se conformasse apenas em obter o controle sem fazer o trabalhador trabalhar — por exemplo, para usá-lo como uma reserva, ou para retirar de um competidor a capacidade de controle — [ainda assim] o intercâmbio teria sido plenamente realizado*(21).

O dispêndio da força não é condição indispensável para a consolidação do negócio. O exemplo dos diretores de espetáculos teatrais que "contratam cantores por

---

(16) Os conteúdos que buscam dar dignidade e eludir o caráter de mercadoria do trabalho no capitalismo, apesar de consistirem em mistificações, alavancam, ainda que com contradições, transformações políticas que, mesmo que não alterem o aspecto fundamental (a forma mercadoria e a relação de compra e venda da capacidade de trabalho), possibilitam, em certos períodos, progressos nas relações de trabalho. Tal percepção, entretanto, não inviabiliza a denúncia de seu aspecto ideológico.

(17) A Declaração da Filadélfia (1944), que aborda os fins e objetivos da Organização Internacional do Trabalho, afirma entre os seus princípios fundamentais: I, a) o trabalho não é mercadoria (Disponível em: <http://www.ilo.org/public/portugue/region/eurpro/lisbon/html/filadelfia.htm>. Acesso em 5.5.2006).

(18) MELHADO, *op. cit.*, p. 41.

(19) Em *o Capital* há item específico que trata da compra e venda da força de trabalho. (MARX, *O capital*, cit. p. 197-206).

(20) "Por força de trabalho ou capacidade de trabalho compreendemos o conjunto das faculdades físicas e mentais existentes no corpo e na personalidade viva de um ser humano, as quais ele põe em ação toda vez que produz valores de uso." (MARX, *O capital*, p. 197).

(21) MARX, Karl. Grundrisse der Kritik der politischen Ökonomie. Rohentwurf, 1857-1858, *apud* ROSDOLSKY, Roman. *Gênese e estrutura de* O capital *de Karl Marx*. Rio de Janeiro: EDUERJ Contraponto, 2001. p. 174.

uma *season* [temporada], não para fazê-los cantar, mas para que não cantem em uma sala concorrente"(22) denota muito bem essa possibilidade.

Embasada a opção terminológica, resta tentar compreender mais profundamente as características e os mecanismos deste intercâmbio. Trata-se da troca entre duas mercadorias: o dinheiro, que, apesar de sua aparência de valor intrínseco, não passa de trabalho acumulado; e a capacidade de trabalho, que pode ou não, conforme o arbítrio daquele que a compra, transformar-se em força viva aplicada na transformação do real. O caráter mercadológico da capacidade de trabalho vendida se dá à medida que sua remuneração coincide com a apreciação valorativa das demais mercadorias, ou seja, avalia-se o tempo de trabalho necessário para sua produção, o que no caso humano não pode ser outra coisa que o tempo de reprodução. Aqui, entretanto, é preciso muito cuidado, pois não se trata de uma aritmética mecanicista. *Marx* deixa claro que

> *A extensão das chamadas necessidades imprescindíveis e o modo de satisfazê-las são produtos históricos e dependem, por isso, de diversos fatores, em grande parte do grau de civilização do país e, particularmente, das condições em que se formou a classe dos trabalhadores livres, com seus hábitos e exigências particulares. Um elemento histórico e moral entra na determinação do valor da força do trabalho, o que a distingue das outras mercadorias. Mas, para um país determinado, num período determinado, é dada a quantidade média dos meios de subsistência necessários*(23).

Além disso, o "bem" alienado não o pode ser sem uma cisão da personalidade humana, e este é o caráter original e contraditório da relação. É que, ao contrário das demais mercadorias, a capacidade de trabalho é indissociável do próprio ser que a leva consigo, embora sua compra não possa se confundir com o domínio do ser, pois se assim fosse, seria simplesmente escravidão. Trata-se de uma situação complexa em que, ao mesmo tempo em que a liberdade deve ser resguardada, não se pode desconectar a mercadoria comprada do indivíduo que a transfere. No entanto, a troca só adquire sentido para o capitalista na medida do valor-de-uso da mercadoria comprada. Portanto, o controle sobre a capacidade de trabalho, "a sujeição ao capitalista, em sua expressão mais elementar da alienação, é um desdobramento 'físico' — uma *consequência necessária* [grifo do autor] — do intercâmbio mercantil. A subordinação neste sentido é a coisificação do sujeito da relação. Nasce da alienação materializada no princípio da relação de simples troca"(24).

Não é sem razão, portanto, a naturalidade com que boa parte da doutrina se refere ao fenômeno da subordinação e dos poderes empregatícios. Sem ela, a compra da capacidade de trabalho seria inútil. O proprietário da mercadoria estaria privado das possibilidades de sua fruição e a própria produção nos moldes capitalistas restaria inviabilizada, o que não quer dizer que a disputa doutrinária acerca dos limites desses poderes seja vã ou sem sentido. Muito pelo contrário. Ela pode ser de grande valia (pelo menos para

(22) MARX, Grundrisse, *apud* ROSDOLSKY, *op. cit.*, p. 527.

(23) MARX, *O capital*, p. 201.

(24) MELHADO, *op. cit.*, p. 167.

os que não professam um radicalismo cínico) ao fixar os contornos da exploração, atenuando, assim, seus efeitos mais perversos, desde que se esteja atento também para as limitações do próprio direito.

No entanto, não se pode deixar de apontar para alguns dilemas inerentes ao intuito de circunscrever a obrigação de prestação de trabalho nas fronteiras dos direitos fundamentais e da personalidade. Trata-se da especificidade relativa à capacidade de trabalho: a indissociabilidade da própria personalidade. Não é sem o custo da reificação humana que se pode separar a atividade e o indivíduo que a realiza, como se fossem coisas distintas. Isto só ocorre porque a capacidade de trabalho, sob o capitalismo, transforma-se em mercadoria. Esta é a forma encontrada para que aquela possa circular segundo os ditames do valor-de-troca, sem, contudo, escravizar o homem ou a mulher que a vende.

*Carnelutti*, em sua obra "Studi sulle energia come oggeto di energia elettrica", dá indícios interessantes sobre a natureza do contrato de trabalho, que podem contribuir para o que aqui se discute. Segundo ele, haveria uma grande semelhança entre os contratos de trabalho e os contratos de compra e venda de energia elétrica. Para a compreensão de ambos os contratos seria preciso diferenciar a fonte de energia da própria energia. Quando se compra determinada quantia de energia elétrica, não se compra sua fonte, mas sim, a própria energia. Da mesma forma, compra-se não o corpo do trabalhador, mas, a sua energia de trabalho, que para isso deve ser concebida como *coisa alheia ao corpo do trabalhador*.

> *La diversidad de campos, la antítesis entre las dos fuentes de energía, el hombre y las cosas, ameritará, sin duda, una diferente disciplina, pero la diferencia entre las dos especies no puede impedir, lógicamente, la comprobación de la unidade del género. Este será, pues, el punto de llegada, solamente que la aproximación entre ellos invita a una conclusión audaz, a saber, que también la energía humana, en cuanto es objeto de contrato és una cosa. Para aceptar esta consecuencia, no debe perderse de vista que la energía humana sólo puede ser objeto de contrato en cuanto se objetiviza exteriorizándo-se ao salir del cuerpo humano*[25].

O autor aponta com extrema lucidez o caráter de mercadoria da capacidade de trabalho, sua natureza de coisa, ainda que algumas encíclicas papais não o queiram admitir. Sua descrição, com honestidade brutal, mostra-se em perfeita sintonia com a economia política burguesa tal qual descrita por *Marx*. A descrição jurídica confunde-se com a operação econômica real. Não há dúvidas de que a interpretação, a contrário senso, deixa patente o que o contrato de trabalho não deve ser. Não deve ser a compra da fonte de energia, da personalidade, mas apenas da própria energia exteriorizada em trabalho. Os pressupostos que circunscrevem a prestação podem ser deduzidos com facilidade, embora muitos autores não tenham, ou não queiram ter, essa coerência e acabem por incluir, dentre os poderes empregatícios, atribuições que em muito extrapolam seus limites. Porém, questão importante é saber se o direito que se pretende crítico deve

---

(25) CARNELUTTI, "Studi sulle energie come oggeto di energie elettrica", *apud* DE LA CUEVA, Mario. *Derecho Mexicano del Trabajo*. 3. ed. México: Porrúa, 1949, Tomo I. p. 464.

reproduzir essa cisão entre personalidade e atividade, e, mais, se este é o único caminho factível dentro das atuais possibilidades. Desde logo, deve-se dizer que não se tem respostas para tais questões e que este não é o tema central deste trabalho. Mesmo assim, deve-se tecer breve consideração sobre tal problemática.

A própria noção de atividade como *coisa alheia ao corpo do trabalhador*, embora verdadeira, não pode ser senão repugnante. Como os direitos fundamentais e da personalidade almejam ter o mínimo de amplitude com essa cisão? Certamente, preocupações com liberdade de orientação sexual, religiosa, estética, e também com a proteção da privacidade e intimidade do trabalhador são extremamente importantes, mas deve-se estar ciente de que, quando se diz de onde não se deve passar, também se está dizendo até onde se pode legitimamente ir. Talvez, tão importante quanto resguardar a moderna liberdade negativa, seja construir espaços de liberdade positiva dentro dos locais de trabalho e, embora não seja ao direito que cabe a tarefa de fazê-lo, não há dúvida que ele pode se somar a este esforço.

### 1.2. *Subordinação e Direito Operário: a unidade do tipo normativo*

A doutrina e a jurisprudência trabalhista caminharam durante o século XX no sentido de retirar do conceito de subordinação seus traços sociológicos iniciais. Esforçou-se em grande medida para "purificá-lo", de modo que aspectos não jurídicos fossem gradativamente se tornando menos significativos para a sua caracterização. Tal técnica certamente foi de grande valia para a ampliação do conceito de trabalho subordinado, de modo que parcelas cada vez maiores de trabalhadores pudessem ser incluídos em tal caracterização, gozando, assim, da tutela legal do Direito do Trabalho. Também não foram poucas as contradições e dificuldades que daí advieram.

Referindo-se à realidade europeia, especialmente espanhola, mas com certa validade também para a evolução das leis trabalhistas no Brasil, *Villalón* relata que

> *Las primeras leyes laborales van dirigidas a un segmento de población perfectamente identificado sociológicamente y, por ende, a un tipo de relaciones sociales claramente delimitadas a priori. En efecto, se trata de actuaciones normativas dirigidas a una realidade bien predeterminada socialmente: el trabajo por cuenta ajena y subordinado efectuado por trabajadores manuales en unas actividades industriales bastantes tipificadas, correspondientes comúmnmente a empresas con un alto número de trabajadores e insertas de ordinário en el médio urbano*[26].

Nesse contexto prevalece o que *Castel* denomina "condição operária", ou seja, trata-se de período em que a legislação do trabalho tem direcionamento certo, restringin-

---

(26) VILLALÓN, Jesús Cruz. El proceso evolutivo de delimitación del trabajo subordinado. VILLALÓN, Jesús Cruz (org). *Trabajo subordinado y trabajo autónomo en la delimitación de fronteras del derecho del trabajo.* Madrid: Tecnos, 1999, p. 169. Sobre a mesma questão Melgar diz que "el trabajo que a tal legislación interesaba regular (proteger) no era todo y cualquier tipo de actividad laboriosa sino exlusivamente el trabajo situado en el centro de esa cuestión social: el trabajo de los obreros industriales, desasistidos y menesterosos en cuanto individuos, al tiempo que fuertes y temidos en cuanto miembros de un sindicato o participantes en una huelga". (MELGAR, *op. cit.*, p. 60)

do-se ao operariado urbano. Os afetados por tal legislação são claramente identificáveis e, por isso, a desnecessidade de um rigor técnico-jurídico capaz de definir de forma abstrata os destinatários da norma. Termos como "operário" e "fábrica" são incluídos na legislação e dão conta da realidade a que se dirigem. Além disso, está-se muito mais próximo de uma legislação casuística, claramente impulsionada pela dinâmica do movimento obreiro e da luta de classes, do que de uma disciplina autônoma que, ainda que interaja com os conflitos sociais, não deixa de possuir uma espessura própria, fruto de sua sistematicidade. Tem-se mais um Direito Operário do que um Direito do Trabalho.

Não é sem razão que a obra precursora da disciplina trabalhista no Brasil, "Apontamentos de Direito Operário" (1905), de *Moraes*, utiliza-se de tal denominação. Em prefácio (redigido pelo filho do autor) da segunda edição do livro, *Moraes Filho* indica muito bem o acerto da denominação, se considerado o período da primeira publicação. Segundo ele,

> *Não é de estranhar que lhe tenha dado o título de Direito Operário, acanhado e insuficiente para a doutrina contemporânea, mas bem representativo da época em que foi escrito. Constituíam os trabalhadores urbanos, de fábrica, a maior massa de miseráveis e de desprotegidos pela legislação contra abusos de toda ordem. O drama das crianças e mulheres — mal alimentadas, subnutridas, mal alojadas, com salários abaixo da média dos que eram pagos ao trabalhador adulto do sexo masculino — logo chamava a atenção dos juristas de boa formação. (...) Quer dizer: os primeiros destinatários das normas jurídicas protetoras, pelas quais se batia Evaristo de Moraes eram exatamente os operários, em geral sem qualificação profissional, desorganizados, presa fácil de uma economia competitiva e sem entranhas*[(27)].

Por certo que *Moraes Filho* exagera ao ver a classe operária brasileira do início do século XX como a "maior massa de miseráveis". Os trabalhadores fabris urbanos eram neste período uma ínfima minoria, e o maior contingente de trabalhadores ainda concentrava-se nas zonas rurais. Apesar disso, não se pode negar que as mazelas do incipiente e concentrado processo de industrialização começava a deixar suas marcas nos maiores centros urbanos, revelando-se como um fenômeno social novo, que gradativamente irá tornar-se visível devido aos antagonismos que produz, como, por exemplo, os surtos grevistas de 1906-1907[(28)].

O próprio termo — Direito Operário — diz claramente a quem se dirige. Entretanto, são necessárias maiores especificações. Trata-se (neste caso refere-se à realidade europeia dos primeiros decênios do século XX) da homogeneidade dos locais, das formas e dos modos de prestação de trabalho abrangidos pela legislação protetiva. Tais leis nascem das fábricas (por meio da luta dos trabalhadores por uma vida digna) e a elas se dirigem; incidem sobre esses grandes aparelhos disciplinares que encarceram ao concentrar multidões de trabalhadores. A duração e a distribuição do trabalho gozam de certa uniformidade e a prestação é aquela típica do modelo taylorista. O trabalho é baseado

---

(27) MORAES, Evaristo de. *Apontamentos de Direito Operário*. 3. ed. São Paulo: LTr, 1986. p. II.

(28) Para saber mais detalhes sobre o surto grevista vide: FAUSTO, Boris. *Trabalho urbano e conflito social*. 5. ed., Rio de Janeiro: Bertrand Brasil, 2000, p. 234, e CARONE, Edgar. *A república velha*: instituições e classes sociais. São Paulo: Difusão Europeia do Livro, 1970. p. 236.

na realização de operações mecânicas e parciais, com tarefas altamente fragmentadas e com um alto grau de controle da gerência científica sobre o processo de execução(29). Esta deve estar de acordo com o que *Taylor* denomina *one best way*, ou seja, a forma mais produtiva e eficaz de cumprimento de uma tarefa, descoberta por meio de um estudo rigoroso dos tempos e movimentos do trabalho(30).

Na compreensão dessa forma de organização do poder, que fixa centenas e, certas vezes, milhares de seres humanos a um aparelho produtivo, extraindo-lhes o máximo de força útil com o mínimo de resistência política, podem ser úteis as contribuições teóricas de *Foucault*, bem como sua forma específica e inovadora de análise do poder. Porém, para que as referências se deem com o mínimo de contradições ou percalços teóricos, deve-se ter em conta a seletividade com que se usa tal autor. Assim, como este historiador-filósofo (ou filósofo-historiador) admite que diversas vezes se utiliza dos autores com quem dialoga, como se fossem peças de uma "caixa de ferramentas" de onde retira o instrumental para o seu trabalho, o mesmo será feito aqui com relação ao próprio *Foucault*(31). O referencial marxista presente nessa pesquisa impossibilitaria que se referendassem algumas posições epistemológicas de *Foucault*, o que não impede que se assimilem muitas das suas contribuições.

Para *Foucault*, por exemplo, falar em ideologia (conceito abordado em diversas passagens deste texto) seria o mesmo que aceitar a ideia de verdade científica(32) e a divisão platônica que expulsara o heroísmo e o poder da produção de conhecimento(33), cons-

---

(29) Embora se considere que a concepção de gerência científica de Taylor leve o trabalho heterorregulado ao seu limite máximo, não se pode deixar de considerar os estudos de psicodinâmica do trabalho empreendidos por Dejours. Neles, o autor aponta que o chamado "trabalho de execução" é uma quimera, já que haverá sempre uma defasagem entre a *ordem prescrita* e a *ordem real* do trabalho. Neste sentido, o simples cumprimento de ordens pelos trabalhadores não é suficiente para garantir a produtividade do empreendimento. Será necessário que, para além das ordens e, muitas vezes, contra as mesmas, os trabalhadores sejam zelosos. Que empreguem sua inteligência efetiva no trabalho utilizando-se de inventividade, de criatividade, de artimanhas e de engenhosidade para suprir todos os tipos de percalços que a prescrição prévia não foi capaz de antever. Sobre isto vide DEJOURS, Cristophe. *A banalização da injustiça social*. 4. ed. São Paulo, FGV, 2001. p. 29-30 e p. 54-58.

(30) Sobre os princípios da administração segundo o próprio Taylor vide TAYLOR, Frederick Winslow. *Princípios da administração científica*. 8. ed. São Paulo: Atlas, 1990.

(31) Em *A verdade e as formas jurídicas*, Foucault, ao utilizar-se da obra de Nietzsche, admite certa arbitrariedade que poderia haver naquelas referências. Suas escolhas seletivas dentre a vasta obra do filósofo alemão criavam uma unidade interpretativa que não era ínsita à obra, mas uma opção de uso. Aliás, como é sabido, a produção de Nietzsche está longe de poder ser considerada como um todo coerente. Sobre isso, vide FOUCAULT, Michel. *A verdade e as formas jurídicas*. Rio de Janeiro: Nau Editora, 1996. p. 23 e 24.

(32) Para Foucault, o grande perigo da categoria ideologia está justamente nesta pretensão de verdade que lhe é subjacente, e que teria efeitos de poder tal qual qualquer discurso dito científico. No entanto, ao que parece, ele centralizou grande parte de sua crítica na primeira concepção de ideologia elaborada por Marx (aquela de *A ideologia alemã*) e ignorou os desdobramentos do conceito na obra marxiana subsequente e, também, na posterior tradição marxista.

(33) Em *A ordem do discurso*, Foucault fala sobre a grande cisão platônica. Segundo ele, até os poetas gregos do século VI a.C., o discurso verdadeiro era "aquele pelo qual se tinha respeito e terror, aquele ao qual era preciso submeter-se, porque ele reinava, era o discurso pronunciado por quem de direito e conforme o ritual requerido" (FOUCAULT, *A ordem do discurso*, p. 15). Porém, a partir de Platão, a verdade se desloca dos rituais que acompanham os enunciados para os próprios enunciados. Tudo se passa como se o poder fosse extirpado do

truindo a ideia do saber límpido e desinteressado. Mas não é isto o que o autor pretende. Ele busca, na realidade, desconstruir a farsa platônica, que agora se reveste de ciência, para mostrar que o saber e o poder estão sempre imbricados, que o poder tem como condição de seu próprio exercício a produção de efeitos de verdade, e que a verdade veiculada pelo discurso científico está sempre a produzir efeitos de poder. As relações de poder são imanentes às relações de conhecimento e, portanto, não podem ser concebidas como se lhes fossem exteriores(34). Além disso, falar em realidade e verdade, como o *locus* não ideológico por excelência, pressupõe um sujeito consciente capaz de apreendê-la. Mas dizer consciência, agora seguindo os rumos de *Nietzsche* (mas próximos aos de *Foucault*), é dizer engodo, é procurar dar unidade ao que constitui nada mais que um conjunto aleatório de elementos conflitivos. Onde parece haver identidade fixa, há apenas a dispersão, a luta, a emergência dos acontecimentos aleatórios. Realidade? Nada mais metafísico do que pensar que é possível analisar séries causais, determinações e operações inscritas na própria realidade. O conhecimento é uma invenção humana que não passa de violência contra as coisas, de desejo de segurança medíocre contra o caos, e, não guardando nenhuma identidade com o sujeito, também deixa de guardar qualquer identidade com o objeto a conhecer. Toda pretensão de verdade não pode passar de um disfarce para uma profunda vontade de poder.

Nesse ponto, a concepção epistemológica dos autores parece atingir seu ponto crítico, colocando em xeque a própria possibilidade do conhecimento e a viabilidade do sujeito cognoscente. As razões que levam muitos autores pós-modernos e pós-estruturalistas (entre eles *Foucault*) a trilharem o caminho aberto por *Nietzsche* não são de todo implausíveis. Afinal, a modernidade está repleta de exemplos de essencialismos racistas (desde os missionários, passando pelos antropólogos do século XIX), de cientificismos totalitários (nazismo e stalinismo) e de outras aberrações construídas pelo predomínio da razão instrumental. Porém, ainda que seja necessário atentar para a relatividade da verdade, não parece que seus potenciais estejam exauridos na contemporaneidade. Nesse sentido, "a ciência nada mais é do que um discurso que se propõe a si mesmo regras especiais, e este é o ponto único que o diferencia de qualquer outro"(35). Busca convencer um auditório específico de acordo com regras específicas. Sua aceitação não se restringe a critérios de veracidade ou falsidade, mas abrange também os meios de difusão, as hierarquias entre as diversas instituições, etc. No entanto, isso não implica que a distinção entre falso e verdadeiro não tenha mais nenhuma importância, e que o discurso da ciência não deva tentar promover tal elucidação, ainda que seja necessário estar atento para todas as suas limitações. Além disso, se é correto dizer que se trata de uma ingenuidade pensar que "la realidad sólo permite ser conocida cuando el sujeto, su

---

âmbito dos conhecimentos ditos verdadeiros, como se não houvesse uma vontade de verdade que caminhasse indissociavelmente junto à própria verdade. Porém, essa divisão é para Foucault uma farsa, pois faz com que se ignore a vontade de verdade "como prodigiosa maquinaria destinada a excluir todos aqueles que, ponto por ponto, em nossa história, procuraram contornar essa vontade de verdade e recolocá-la em questão contra a verdade". (FOUCAULT, *A ordem do discurso*, p. 20)

(34) FOUCAULT, *História da Sexualidade*, p. 90.

(35) CORREAS, Óscar. *Crítica da Ideologia Jurídica*: ensaio sócio-semiológico. Porto Alegre: Sérgio Antônio Fabris, 1995. p. 24.

razón, se sitúa humildemente ante ella, es decir, renuncia a introducir su propia medida a las cosas, para que justamente sean éstas las que le midan él"[36] e se é justo afirmar que a realidade não é dada, mas é um processo contínuo de construção, e que, como assinala *Bourdieu*, a disputa em torno do poder de dizer o que são as coisas é também uma forma de construção das próprias coisas, não se pode dizer que qualquer construção tem valor semelhante, o que também implicaria a inviabilidade da noção de conhecimento falso. Pelo contrário, a realidade, ainda que não translúcida, imporá limites para os critérios de veracidade e falsidade, mesmo que em muitos casos haja mais de uma forma possível de articular a primeira.

Já quanto à questão da objetividade, que também se inviabiliza com a crítica de *Nietzsche* e *Foucault*, parece haver uma diferença entre propor que a razão funciona sempre como uma carapuça para a vontade de poder e admitir que todo conhecimento pressupõe uma forma de interesse. O interesse concreto de um grupo oprimido, por transformar sua condição, pode fazer com que ele busque uma análise o mais objetiva e global possível do contexto ao qual está inserido. E, ainda que a compreensão do real possa ser menos uma questão de correspondência unívoca e mais uma questão de elaboração de um mapa cognitivo, não se pode prescindir de uma busca por objetividade, sob pena de frustrar completamente quaisquer intenções emancipatórias.

Feitas tais ressalvas, não se pode deixar de considerar que *Foucault*, ao descrever o poder disciplinar (que não por coincidência tem nome similar ao dado pela doutrina trabalhista a uma das dimensões do poder empregatício), contribui em muito para a compreensão de como opera o poder na fábrica, bem como das formas de subjetividade por ele construídas, o que certamente é relevante para o entendimento de como se dá a subordinação. Suas pesquisas não versam sobre uma instituição específica, já que para ele a disciplina não se confunde com um espaço físico, mas é, sobretudo, um modo de operar que se utiliza de diversos aparelhos. *Foucault* faz, portanto, uma genealogia das técnicas de poder comuns aos hospitais, aos acampamentos militares, às escolas, aos conventos, aos presídios e também às fábricas, que a partir do século XIX, com o crescimento demográfico e o surto de industrialização, passam a caracterizar as denominadas "sociedades disciplinares". Além disso, a visão de poder delineada pelo autor é radicalmente relacional. Rejeitam-se, portanto, as concepções que remontam aos teóricos contratualistas, mas que estão presentes em parte das concepções marxistas, que veem o poder como coisa, como atributo que se pode deter ou ceder tal qual qualquer objeto de troca. Procura-se estudá-lo em sua incidência mais periférica, nas sombras que estão longe dos holofotes da soberania e das leis e sem quaisquer considerações sobre as motivações psicológicas daqueles que o exercem, enfocando-o somente em sua exterioridade que, apesar disso, transpassa os corpos dos indivíduos e os constitui[37].

*Foucault*, no entanto, não estudou as fábricas do século XX, administradas segundo os princípios tayloristas, que se constituíram como espécie de matriz do Direito

(36) GALLEGO, Elio A. *Tradición Jurídica y Derecho Subjetivo*. Madrid: Dykinson, 1996. p. 61.

(37) Esses princípios metodológicos de análise do poder estão descritos na aula do *Collège de France* de 14 de janeiro de 1976 (FOUCAULT, Michel. *Em defesa da sociedade*: curso no Collège de France (1975- 1976). São Paulo: Martins Fontes, 1999. p. 27-48), assim como em A vontade de saber (FOUCAULT, *História da sexualidade I*: a vontade de saber. 10. ed., Rio de Janeiro: Graal, 1988. 3 v., p. 89-93).

Operário e cujas marcas não deixaram de estar presentes, mesmo quando o Direito do Trabalho alcançou uma generalidade antes impensável. Apesar disso, entende-se que a *administração científica* só leva ao extremo aquilo que já havia sido descrito pelo filósofo, ou seja, a construção do homem-máquina.

As técnicas disciplinares têm plena aplicação no sistema taylorista. O *exame* evidencia-se na produção de um quadro comparativo entre os movimentos dos diversos indivíduos. A possibilidade de armazenamento de dados referentes às variadas formas de prestação de trabalho permite a comparação e a verificação dos movimentos mais produtivos. A *vigilância hierárquica* é essencial para que todos trabalhem com procedimento e intensidade ótimos. Dessa forma, a estrutura organizacional deve ser verticalizada e piramidal, com cada estrato sendo responsável por fiscalizar as atividades dos seus inferiores. A estrutura de patentes do exército é perfeitamente aplicável. A *sanção normalizadora* permite que se utilize das possibilidades de armazenamento de dados para premiar os mais eficazes e punir os que não se enquadram nas normas, reforçando, assim, o enquadramento geral. O direito implica-se e interage com tais técnicas, embora estas não se subsumam àquele, restando sempre o lugar sorrateiro em que há pura sujeição, ainda que a noção jurídica de subordinação tente dar a este espaço um atributo de dominação legítima, validado pela normatividade jurídica e pelas formalidades a esta inerentes.

É, portanto, a uma instituição específica em que transitam as técnicas acima aludidas, bem como a uma determinada forma de trabalho, que se destina o Direito Operário. *Castel*, referindo-se à realidade francesa, deixa claro como "a quase-sinomínia do salariado e do salariado operário é patente até o início dos anos 30"(38). Desta forma, estão excluídos da tutela legal os trabalhadores do comércio, da agricultura, do transporte, assim como uma série de funcionários de altos e médios escalões das empresas.

### *1.3. Expansão subjetiva: condição salarial e Direito do Trabalho*

A situação de identidade entre a legislação e a situação específica a que ela se dirige vai se esgotar ao longo do século XX, o que será certamente o maior triunfo do agora chamado Direito do Trabalho e, ao mesmo tempo, sua maior fraqueza. Debilidade esta que demorará muitos anos para ser sentida, ao menos até a crise da sociedade salarial, que atingirá até mesmo os países onde se supunha que a social-democracia seria uma conquista humanitária irrevogável.

*Castel* identifica essa transição, no caso francês, com o período de grande esperança instaurado pela vitória do *Front Populaire*. Neste momento, a vanguarda operária que promoveria o movimento de ocupação de fábricas ainda é forjada pelo taylorismo.

> *As condições de trabalho nas fábricas ocupadas em junho de 1936 são geralmente comandadas pela 'organização científica do trabalho', ou por seus equivalentes: as cadências, a cronometragem, a vigilância constante, a obsessão de ser produtivo, a arbitrariedade dos patrões e o desprezo dos chefes de pequeno escalão. (...) Mas essa relação de traba-*

---

(38) CASTEL, Robert. *As metamorfoses da questão social*: uma crônica do salário. 4. ed. Petrópolis: Vozes, 1998. p. 450.

*lho não é comandada apenas pelas exigências tecnológicas da produção, da divisão das tarefas, da rapidez das cadências ... É uma relação social de subordinação e de privação da posse que se instala pela mediação da relação técnica de trabalho*[39].

Porém, ainda na década de 1930 haveria um grande processo de diferenciação na condição dos assalariados, importando em uma complexificação das formas de prestação de trabalho, bem como numa relativização progressiva do peso do operariado fabril urbano. Situação que se expressa no aumento do trabalho assalariado não operário. Trata-se da expansão do trabalho assalariado para o trabalho agrícola, para o setor de serviços, para a atividade dos profissionais liberais (médicos, advogados, engenheiros e professores) e também para os médios e altos escalões das empresas, inclusive com o assalariamento de gerentes. A condição operária se dissolve em uma condição salarial extremamente estratificada, composta inclusive pelos "empregados de colarinho branco", que buscam "beneficiar-se das vantagens sociais conquistadas pela classe operária, mas marcando a diferença em relação a ela"[40].

Esta transição deu-se através um processo turbulento que resultou em uma considerável ampliação da incidência subjetiva do Direito do Trabalho. O quadro geral desse processo na realidade europeia é assim descrito por *Villalón*:

*Así, en primer lugar, la legislación laboral pasará a extender su ámbito de aplicación a sectores no estrictamente industriales, pretendiendo abarcar al trabajo en la agricultura; igualmente se producirá una expansión de su aplicación al sector de servicios, inicialmente a actividades más 'obreras' como el transporte y más adelante al resto de atividades del sector terciário. En segundo lugar, pasará de dirigirse exclusivamente a labores de carácter manual, para proceder a extenderse a trabajos de abstracción intelectual: inicialmente a trabajos de carácter administrativo con la inclusión de los empleados, más adelante en relación con trabajos de mayor cualificación profesional — técnicos — o de más cercana vinculación a la dirección de la empresa — cargos directivos -. En tercer lugar, de una situación fática de aplicación exclusiva a las zonas urbanas y a las empresas de mayores dimensiones, se tenderá a extenderlo al ámbito rural y a unidades productivas de pequeñas dimensiones. En cuarto lugar, de estar centrado en prestaciones laborales donde rige una estricta ajenidad, sometimiento a las instrucciones de la empresa e integración plena en una organización ajena se pretenderá su extension a actividades más difusas en cuanto sus contornos. Finalmente, de encontrarse inicialmente centrado en la empresa privada, aparecerán ciertas tendencias de absorción parcial del sector público*[41].

Tal processo expansivo deu-se também no Brasil, ainda que não nos mesmos termos ou com a mesma cronologia, sendo a integração muitas vezes mitigada. De uma regulação que na República Velha se dirigia a aspectos pontuais das atividades fabris, como os acidentes de trabalho (Dec. n. 3.724 de 1919) ou o trabalho de menores (Decreto

---

(39) CASTEL, *op. cit.*, p. 441.

(40) *Idem*, p. 455.

(41) VILLALÓN, *op. cit.*, p. 172.

n. 5.086 de 1926) passa-se, em 1943, com a CLT, a uma regulação muito mais ampla. A Consolidação, ao definir o empregador, o faz de maneira abrangente e aberta, incorporando a empresa individual ou coletiva (CLT, art. 2º, *caput*), e não se fixando em nenhum formato específico de direito comercial. Equipara ao empregador os profissionais liberais, as instituições de beneficência, as associações recreativas ou outras instituições sem fins lucrativos que admitirem trabalhadores como empregados (CLT, art. 2º, §1º), e não distingue espécies de emprego, nem trabalho intelectual, técnico ou manual (CLT, art. 3º, parágrafo único). Trata-se, portanto, de uma sistemática com razoável generalidade, capaz de abranger diversas formas de empresa e de prestação do trabalho. Inclui em suas disposições desde o trabalho do operário fabril até o trabalho de gerentes, abrangendo trabalhadores do comércio, os antigos profissionais liberais e o trabalho em domicílio, em todos os casos, desde que sejam subordinados, mesmo que em graus diferentes.

Ainda que se admita que houve um grande salto de abstração e generalidade, não se deve esquecer do grande contingente de trabalhadores subordinados que restaram às margens do disposto na CLT. Trata-se dos trabalhadores rurais que foram deliberadamente excluídos da proteção ali esboçada (CLT, art. 7º, *b*)[(42)] e que só com a Constituição de 1988 foram finalmente equiparados aos trabalhadores urbanos (CF, art. 7º, *caput*); dos empregados domésticos, que até os dias atuais têm os direitos disciplinados por lei específica (Lei n. 5.859 de 1972), inclusive com restrição dos direitos fixada na Carta Magna (CF, art. 7º, parágrafo único); e, também, dos trabalhadores avulsos, que só com a Constituição de 1988 conseguiram a igualdade de direitos com os trabalhadores que mantêm vínculo empregatício (CF, art. 7º, XXXIV). Há ainda o caso dos servidores regidos por estatuto próprio e sobre os quais não se dará mais atenção, por se tratar de situação à parte, com longas raízes históricas, em que os abrangidos possuem prerrogativas que excedem as do Direito do Trabalho.

Além disso, não se pode esquecer que mesmo nos casos teoricamente abrangidos pela CLT sempre houve no Brasil uma enorme disparidade entre o avançado arcabouço legislativo e a realidade. Lei promulgada nem sempre significa lei aplicada. *Segadas Vianna*, um dos idealizadores da CLT, explicou com clareza e cinismo essa situação quando disse que "a burguesia não acreditava que aquilo [CLT] fosse posto em prática. Achava que aquilo era mais — como de fato era um pouco — para efeito externo (...) para nos projetar também, dizendo que estávamos fazendo alguma coisa"[(43)]. Situação que se comparava em muito com o que ocorrera posteriormente na República Dominicana, em que fora aprovado um código do trabalho extremamente avançado, mas que dispunha na última cláusula que o governo o colocaria em execução quando julgasse conveniente.[(44)]

---

(42) A poesia de um sertanejo do interior de Pernambuco expressa essa situação com extrema simplicidade e beleza: "Depois que as leis do trabaio/Duou dois dias de impaio/Um de folga a cada quém/Os Governos Brasilêro/Se esqueceram dos vaquero/Que são fios de Deus, também/ Dero ao trabaio da cidade/Segureza, livridade/E ganho dentro da lei/P`ros home bruto do mato/Sem gruvata e sem sapato/nenhuma vantage veio". Transcrição retirada de SIGAUD, Lygia. *O clandestinos e os direitos*: estudos sobre trabalhadores da cana-de-açucar de Pernambuco. São Paulo: Duas Cidades, 1979. p. 97.

(43) Depoimento de VIANNA, José Segadas *apud* FRENCH, Jonh. *Afogados em leis*: a CLT e a cultura política dos trabalhadores brasileiros. São Paulo: Perseu Abramo, 2001. p. 44.

(44) *Idem*.

No entanto, apesar das diversas formas de trabalho subordinado excluídas da proteção trabalhista e também da falta de efetividade que acompanha a trajetória histórica da CLT, pode-se dizer que a Consolidação inovava ao agregar "situaciones extremadamente diversas, con el fin de delimitar un destinatario único de un tratamiento global unitário"[(45)]. Além disso, deve-se ter em conta que, apesar de todas as inconsistências e exclusões, por um longo período, que vai até o surto neoliberal dos anos noventa, há um processo de ampliação das situações sociais abrangidas pelo Direito do Trabalho.

Essa ampliação, no entanto, que foi certamente mais intensa na Europa, não deixa de guardar algumas ambiguidades, que irão demonstrar toda a sua pujança a partir da crise do "compromisso fordista" e da emergência do que alguns autores denominam sociedade pós-industrial. Pois, ao mesmo tempo em que o Direito do Trabalho passa a regular novas realidades (gerentes, profissionais qualificados, trabalhadores em domicílio, etc.), a noção de subordinação como submissão à ordens do empregador vai perdendo força e capacidade explicativa, não conseguindo dar conta de tamanha heterogeneidade. O espaço de autonomia, por exemplo, de um profissional com qualificação superior regulado por estatuto próprio [Ex.: Advogados, Médicos e Engenheiros], dificilmente se compatibiliza com os elementos referentes à hierarquia e vigilância que estruturam a subordinação em um contexto de trabalho industrial taylorista-fordista, pois, se assim fosse, o empregador poderia se sobrepor inclusive aos compromissos ético-profissionais.

Porém, o fato é que a unidade conceitual atingida pelo Direito do Trabalho, por mais abstrata que fosse, estava ainda ancorada em um padrão de regulação societal taylorista-fordista. Ainda que os anos dourados do pós-guerra europeu indicassem uma diversificação considerável das formas de prestação de trabalho, o taylorismo-fordismo ainda tinha forças para dar coerência às mais diversas esferas da vida social, integrando em sua sistemática sujeitos e formas de trabalho que, vistos sob um ângulo estrito, não seriam de sua alçada. A pluralidade fora de certa forma freada porque o sistema extrapolava as fábricas e era capaz de regular toda a dinâmica social; tinha-se, nos dizeres de *Negri*, "uma sociedade fábrica"[(46)]. O sistema produtivo extrapolava sua dimensão inicial e transformava-se em verdadeiro sistema social integrando novos elementos à sua dinâmica. O Direito do Trabalho foi, durante certo tempo, um exitoso agente dessa integração.

## 2. *NOVAS FRONTEIRAS DO DIREITO DO TRABALHO E A AUTONOMIA DO TRABALHADOR NA PRESTAÇÃO SUBORDINADA DE TRABALHO*

### 2.1. *Expansão subjetiva: o impulso doutrinário e jurisprudencial*

A diferenciação entre o trabalho prestado sob direção de outrem (sob ordens, fiscalização e inclusive possibilidade de punição por alguém que compra a capacidade de trabalho) e o trabalho por conta própria (em que o trabalhador organiza a prestação, programa a atividade e a combina com os meios técnicos necessários) é, como já dito,

(45) PIÑERO, Rodríguez; FERRER, Bravo, *op. cit.*, p. 25.

(46) HARDT, Michael; NEGRI, Antônio. *O Império*. São Paulo: Ed. Record, 2002. p. 264.

questão fulcral para o Direito do Trabalho. Sua verificação é que permite, a partir do surgimento da disciplina trabalhista, saber se a prestação será abarcada pela tutela laboral ou se será regida por um contrato civil ou mercantil.

Tal delimitação, entretanto, está longe de ser fácil. A apreciação jurídica do devido enquadramento, longe de ser uma tarefa lógica meramente subsuntiva, é operação aberta, pautada na composição de indícios e na atribuição de valor aos mesmos. Sopesá-los e definir o estatuto adequado é, portanto, uma tarefa muitas vezes delicada, principalmente nas chamadas zonas cinzentas, ou seja, nas formas de prestação em que se misturam elementos de autonomia e hetoronomia. A abertura interpretativa, nestes casos, é patente. Classificar, longe de ser simples ato de adequação pura e simples da terminologia ao real a ser descrito, é também um ato de construção social da realidade. Organizar, dividir, diferenciar e nomear são operações que vão além da simples descrição de um objeto. Dizer o que são as coisas é também construí-las, embora, como já dito em outra ocasião, nem todas as construções sejam igualmente possíveis, pois a não transparência do real não impede que este, ainda que inacessível, ofereça resistência a determinadas elaborações.

Edificar e elaborar categorias é envolver-se em conflito. Atribuir nomes não é tarefa neutra dissociada do poder, embora as disputas possam ter normatividade própria de acordo com o campo em que se inserem. O *front* político-partidário, por exemplo, não possui as mesmas regras que as batalhas doutrinárias, porém, estas últimas, ao contrário do que muitas vezes procuram transparecer, não são simplesmente esforços científicos que visam ao desenvolvimento da disciplina e um desvelamento cada vez mais aguçado do objeto. Conceituar é um empreendimento de poder. O discurso, seguindo os passos de *Foucault*, "não é simplesmente aquilo que traduz as lutas ou os sistemas de dominação, mas aquilo por que, pelo que se luta, o poder do qual nos queremos apoderar"[47].

Portanto, subjacente à delimitação das fronteiras entre trabalho subordinado e autônomo há um conflito político inescusável, que adquire contornos práticos diferenciados conforme a correlação das forças sociais envolvidas, a formação jurídica hegemônica, o contexto ideológico e socioeconômico, etc. Como diz *Fernandes*, "não existe nenhuma fórmula que pré-determine o doseamento necessário dos índices de subordinação, desde logo porque cada um desses índices pode assumir um valor significante muito diverso de caso para caso. O próprio conjunto dos traços que integram o 'momento organizatório' da subordinação carece de valor absoluto na identificação do contrato de trabalho"[48]. Há, portanto, um inexorável espaço de discricionariedade do intérprete.

Por certo período, que teve como ponto alto as sociais-democracias europeias do pós-guerra, o pêndulo direcionou-se para a subordinação ou para conceitos ainda mais amplos que aumentavam a *vis atrativa* da disciplina laboral. Houve uma verdadeira expansão subjetiva do Direito do Trabalho, fazendo que o mesmo ultrapassasse em muito o âmbito originário do trabalho urbano fabril. Tal movimento, que como visto no último item teve o respaldo de uma expansão legislativa, contou também como um grande esforço doutrinário e, sobretudo, uma boa dose de voluntarismo judicial.

---

(47) FOUCAULT, Michel. *A ordem do discurso*. São Paulo: Edições Loyola, 1996. p. 10.

(48) FERNANDES, Antônio Lemos Monteiro. *Direito do Trabalho*. 12. ed. Coimbra: Almedina, 2004. p. 145 e 146.

Um exemplo desse esforço pode ser identificado no conceito de *ajenidad* (alteridade), defendido por autores como *Gaspar Bayón, Manuel Alonso Olea* e *Manuel Alonso Gárcia*, que desde a década de sessenta já apontavam para a insuficiência do conceito de subordinação. Para *Olea*,

> *A dependência ou subordinação seriam apenas consequências de um facto que, só por si, é suficiente para caracterizar o trabalho assalariado: o facto de trabalhar por conta de outrem e não por conta própria. É porque os frutos do trabalho são recebidos, na fonte, por aquele que o remunera, que está investido do poder de dirigir e controlar esse trabalho e de o coordenar com o de outros trabalhadores por si remunerados. Nestas circunstâncias, pouco importam as formas que podem revestir essa direção, este controlo ou esta coordenação. Nesta perspectiva, portanto, a insistência no critério da subordinação só pode conduzir a contradições insolúveis, porque o poder daqueles para quem o trabalho é efetuado pode exprimir-se sob formas ou com intensidades variáveis, enquanto o facto de trabalhar para outrem permanece inalterado*[(49)].

A alteridade (ou integração em uma organização alheia) foi empregada como critério de identificação do contrato de trabalho pela Corte de Cassação Francesa a partir década de 1960. No entanto, tal concepção alargada, que durante mais de vinte anos havia se tornado na França o "principal indicador da subordinação, foi (...) [durante a década de 1990] relegada para a condição de mero indício entre outros"[(50)]. De fato, as controvérsias em torno de tal critério e a razão pela qual muitos dos doutrinadores o repudiam residem em seu caráter ampliativo, que para alguns usurparia o espaço legítimo do trabalho autônomo. Neste sentido, *Fernandes* aponta que "a subordinação não é corolário forçoso de qualquer tipo ou grau de articulação da prestação de trabalho na organização das empresas. O contrato de prestação de serviço pode harmonizar-se com a inserção funcional dos resultados da actividade no metabolismo da organização empresarial"[(51)].

*Machado* explicita limitações e virtudes do critério da integração em um serviço organizado. Entre os seus aspetos positivos estão: a) possibilitar a inclusão no âmbito trabalhista de profissionais que tradicionalmente eram considerados autônomos (médicos, advogados, jornalistas, etc.), já que a submissão direta às ordens passa para um segundo plano enfocando-se principalmente a inserção na organização; b) ser compatível com um maior espaço de autonomia na prestação de trabalho, aspecto que ganha maior relevância a partir dos desenvolvimentos da produção em rede e das tendências de horizontalização das organizações; c) ser flexível, podendo adaptar-se com maior facilidade à heterogeneidade da formas organizacionais atuais. Porém, segundo o autor, a estreiteza do conceito reside no fato de que ele "é feito com vistas a eleger um elemento capaz de demonstrar a existência do poder de direção, ou seja,

(49) OLEA, Manuel Alonso. Introducción al Derecho del trabajo. 5. ed. Madrid, Civitas, 1994. p. 61, *apud* SUPIOT, Alain (Coord.). *Transformações do trabalho e futuro do Direito do Trabalho na Europa*. Coimbra: Coimbra Ed., 2003. p. 39 e 40.

(50) SUPIOT, *op. cit.*, p. 36.

(51) FERNANDES, *op. cit.*, p. 146.

é também construção jurídica tributária da ideia de uma organização hierárquica, nos marcos de uma empresa constituída com características institucionais"[(52)].

A tendência expansiva manifestou-se também em outras situações, que embora não tivessem como escopo a reformulação/ampliação do conceito de subordinação, permitiram tornar mais vasto o perímetro do trabalho subordinado diante do trabalho autônomo. Refere-se, em primeiro lugar, ao completo alijamento da possibilidade de as partes optarem pela forma contratual que julgam mais adequadas. A existência de um contrato de trabalho, com todas as consequências que lhe são inerentes, é o resultado da verificação de elementos fáticos que nada têm a ver com a vontade dos pactuantes. Trata-se do princípio da primazia da realidade, com forte incidência tanto no direito europeu quanto no brasileiro. Com isso, busca-se afastar as possibilidades de burla e fraude advindas da prestação de trabalho efetivamente subordinado, mas formalmente pactuado através de alguma espécie de contrato de trabalho autônomo, como a prestação de serviços, a representação comercial, a empreitada, etc.

Esta abordagem teórica do contrato de trabalho se expressa na doutrina brasileira, principalmente através do conceito de contrato-realidade, inúmeras vezes atribuído ao doutrinador da *Cueva,* mas que, segundo este próprio autor, teria sido cunhado por *Alfredo Inñárritu*, ex-ministro da Suprema Corte de Justiça do México[(53)]. Tal conceito possui larga difusão no direito pátrio e foi capaz de, durante longo período, expandir as fronteiras do Direito do Trabalho, restringindo a autonomia da vontade e valorizando a pesquisa dos elementos fáticos indicadores da subordinação, principalmente através da análise dos indícios. Seu entranhamento na cultura jurídica trabalhista é inegável, ainda que, desde a década de 1990, sejam feitas algumas tentativas de atenuá-lo.

Exemplo de situação em que se buscou eludir a aplicação do conceito de contrato-realidade foi a promulgação da Lei n. 8.949 de 1994, que acrescentava um parágrafo único ao art. 442 da CLT[(54)]. Em tal caso, havia uma nítida intenção legislativa de afastar a possibilidade de reconhecimento de vínculo empregatício pelo simples fato de se tratar de membros de sociedade cooperativa. A lei buscava criar uma presunção de inexistên-

(52) MACHADO, Sidnei. *A subordinação jurídica na relação de trabalho*: uma perspectiva reconstrutiva. Tese de Doutorado, Curitiba, UFPR, 2003. p. 164.

(53) CUEVA, *op. cit.*, p. 472. Cueva está muito mais próximo da teoria relacionista, e isto é deixado claro em diversas passagens de sua obra. Quanto ao contrato de trabalho, ele é expresso ao dizer que "si se desea tener un concepto unitario de la figura jurídica y si, segun se há demostrado, la voluntad de uno de los sujetos de la relación no desempeña, en muchos casos, papel alguno y si, en otro porcentaje también considerable, la voluntad del patrono se manifiesta a través de intermediarios que ofrecen trabajo al público en beneficio del empresario, resulta más lógico, puesto que la noción de contrato no sirve para explicar la integridade del fenómeno, hacerla a un lado" (CUEVA, *op. cit.*, p. 479). Além disso, diz o autor que "la existencia de una relación de trabajo depende, en consecuencia, no de lo que las partes hubieren pactado, sino de la situación real en que el trabajador se encuentre colocado en la prestación del servício" (*idem*, p. 474). Essas e diversas passagens de seu *Direito Mexicano del Trabajo* tornam nítida sua adesão à teoria da relação jurídica. As concessões feitas pelo autor à noção de contrato parecem estar ligadas mais à necessidade operativa de adequar sua doutrina ao texto constitucional, que fazia referência ao pacto de vontades, do que a uma opção teórica deliberada.

(54) Art. 442. Contrato individual de trabalho é o acordo tácito ou expresso, correspondente à relação de emprego. Parágrafo único. Qualquer que seja o ramo de atividade da sociedade cooperativa, não existe vínculo empregatício entre ela e seus associados, nem entre estes e os tomadores de serviço daquela.

cia de vínculo sempre que se tratasse de cooperados, escopo que é inadmissível para a tradição doutrinária alicerçada no afastamento dos aspectos formais e na pesquisa da realidade da prestação. Tal intenção, entretanto, não conseguiu prevalecer. A jurisprudência sobrepôs a primazia da realidade ao texto do art. 442, prevalecendo a doutrina e o princípio sobre a lei[55]. O TST deixou claro em diversas ocasiões que não haveria ofensa à literalidade da lei (hipótese de recurso de revista prevista na CLT, art. 896, *c*) quando o tribunal *a quo* identificasse o caráter fraudulento da cooperativa[56].

Além dos aspectos elencados acima, relacionados aos critérios de integração do trabalho em organização alheia, e também à noção de contrato realidade, outros fatores fomentaram a expansão trabalhista a que se referiu. Em primeiro lugar, deve-se citar a presença em ordenamentos estrangeiros de presunções legais *pró trabalho subordinado*. Este é o caso, por exemplo, da Espanha, em que o Estatuto dos Trabalhadores dispõe que o contrato de trabalho "presumir-se-á existente entre todo aquele que presta um serviço por conta e dentro do âmbito de organização e direção de outro e o que o recebe em troca de uma retribuição àquele" (ET, art. 8º/1). No caso brasileiro, embora não exista disposição legal semelhante, acaba-se obtendo resultado similar, já que com a noção de contrato-realidade pode-se equiparar a efetiva prestação de trabalho subordinado, sob direção de outrem, a um acordo contratual tácito.

Adiante, passa-se ao outro lado da fronteira: investiga-se o trabalho autônomo.

### 2.2. *Pequeno inventário do trabalho autônomo*

A conceituação do que seja trabalho autônomo é quase sempre realizada pela via transversa. A própria necessidade de se caracterizar a autonomia é indissociável do surgimento de um ramo especial do Direito a ocupar-se do trabalho subordinado. Antes disso, falar em autonomia para qualificar uma relação de trabalho simplesmente não fazia sentido jurídico, pois carecia de qualquer caráter distintivo. Tal fato faz que o termo careça de uma definição legal precisa, englobando uma grande diversidade de situações, sendo, tal qual a subordinação, um termo relativamente vago.

Nesse sentido, as espécies de prestação de trabalho previstas no Código Civil Brasileiro de 1916 (locação de serviços e empreitada) não poderiam ser, no início de sua vigência, consideradas como trabalho autônomo. Só passaram a sê-lo após o ramo tra-

---

(55) MACHADO, *op. cit.*, p. 162-163.

(56) "EMBARGOS. COOPERATIVA RURAL. FRAUDE NA INTERMEDIAÇÃO. RELAÇÃO DE EMPREGO. MATÉRIA FÁTICA. APLICAÇÃO DA SÚMULA N. 126 DA CASA — A incidência do artigo 442, parágrafo único da CLT, supõe tratar-se de cooperativa típica, de inexistência de fraude à legislação trabalhista e de se operar a terceirização em atividade-meio da empresa tomadora dos serviços. O Regional consignou que a atuação da cooperativa era irregular, em evidente fraude à legislação consolidada. Não se há de falar em ofensa à literalidade do parágrafo único do art. 442 da CLT e, para se decidir diversamente seria necessário o revolvimento do conjunto fático-probatório, vedado à luz da Súmula n. 126 do TST. Recurso de Embargos não conhecido." (Ac. 1ª SBDI, TST-E-RR-647.869/2000.2, Relator Ministro Carlos Alberto Reis de Paula, pub. no DJ de 28.5.04). "O parágrafo único do art. 442 da CLT, ao prescrever que não forma vínculo de emprego a prestação de serviços, pelo cooperado, à empresa tomadora revela presunção relativa, pois pode ser elidida diante da configuração de fraude na contratação." (Ac. 3ª TURMA MCP/cs/va, TST-RR-1.508/2002-059-01-00.3, Relatora Ministra Maria Cristina Irigoyen Peduzzi, pub. no DJ de 5.5.06).

balhista monopolizar o tratamento específico de um determinado subconjunto de formas de prestação de trabalho: o trabalho subordinado. Coisa que ocorreu, de forma sistemática, somente com a CLT, embora alguns visionários, como *Moraes*, percebessem a necessidade de uma tutela diferenciada para os trabalhadores fabris já nos primórdios do século XX(57).

O Código de 1916 simplesmente retomava a distinção de origem românica e reproduzida no Código de Napoleão entre *locatio conductio operarum* (locação de serviços) e *locatio operis* (empreitada). Na primeira delas estariam enquadradas diversas atividades, entre as quais a dos trabalhadores fabris, profissionais liberais e também parte do que hoje se reconhece por trabalho autônomo (com exceção da empreitada). Sua característica geral seria a permuta relativa ao gênero trabalho e não visando determinado resultado ou obra, como se daria na segunda hipótese, ou seja, a do contrato de empreitada.

É a CLT que vai promover a separação a partir da qual o Código Civil passa a disciplinar apenas o trabalho considerado genericamente como autônomo. Tal ocorrência reduz em grande parte a incidência do Código Civil de 1916, tanto no campo da locação de serviços quanto no caso da empreitada, já que é claramente sabido que o contrato por obra certa ou o pagamento por peça produzida não descaracteriza a possibilidade de se tratar de trabalho subordinado. Quanto ao Novo Código Civil, pouco inova em tais matérias, alterando, entretanto, a denominação, que deixa de ser locação e passa a ser prestação de serviços.

Autonomia (*auto nomos*) é palavra que em sua etimologia traduz a noção de capacidade de elaborar suas próprias regras. O indivíduo autônomo é aquele que carrega consigo o ideal iluminista de autorregramento, sendo-lhe ínsita a noção de liberdade. São estas mesmas características que iluminam a delimitação do trabalho autônomo, embora não devam, porque circunscritas pelo direito, assumir um caráter absoluto. Nesse sentido, o trabalho autônomo seria aquele prestado por conta própria, assumindo o trabalhador os riscos de sua atividade, organizando a forma pelo qual será exercida a prestação (os aspectos referentes ao tempo, lugar e processos técnicos considerados adequados) e disponibilizando os meios técnicos e materiais necessários para efetivá-la(58). Trata-se de uma situação em que o trabalhador preserva a "direção cotidiana sobre sua prestação de trabalho"(59), o que não impede que haja algum grau de recomendação ou acompanhamento por parte do tomador do serviço.

No caso acima, depara-se novamente com as chamadas zonas cinzentas, em que é difícil saber até que ponto um tomador de serviços pode orientar a prestação sem que se configure um verdadeiro poder diretivo e, consequentemente, uma atividade subordi-

(57) MORAES, Evaristo de, *op. cit.*, p. 23-28.

(58) A posse por parte do prestador de material próprio e a assunção do risco não são critérios absolutos, embora possam ajudar na identificação do trabalho autônomo. Exemplos de situações contrárias, em que estes critérios não estão presentes ainda que continue havendo autonomia, estão na regulação legal da empreitada. O empreiteiro pode contribuir somente com seu labor ou com este e os materiais (Novo Código Civil, art. 610), dependendo tal opção de disposição legal ou da vontade das partes. Quanto aos riscos, ainda no caso da empreitada, o Código deixa claro que quando o empreiteiro é responsável também pelos materiais a obra estará sob sua conta e risco até o momento da entrega (Novo Código Civil, art. 611). Porém, no caso de o empreiteiro ter fornecido somente a mão de obra "todos os riscos em que não tiver culpa correrão por conta do dono" (Novo Código Civil, art. 612).

(59) DELGADO, *op. cit.*, p. 583.

nada. A doutrina costuma resolver tal questão por meio de uma análise da intensidade e continuidade das diretivas, o que não deixa de ser uma tarefa vaga e flexível em que a valoração do intérprete será certamente decisiva. Além disso, frequentemente depara-se com situações em que, embora não se configurem os critérios tradicionais relativos à caracterização da subordinação, há outros fatores dignos de tutela, relacionados à situação de vulnerabilidade do trabalhador autônomo.

Como já dito em outra ocasião, ainda que a dependência econômica tenha sido o fato sociológico incontestável que deu origem à proteção dos trabalhadores nos primórdios da legislação laboral, posteriormente tal critério foi substituído por outro mais abstrato e genérico, qual seja, a subordinação jurídica. Porém, na atualidade, com a tendência de aumento da participação do trabalho autônomo no contingente total de prestação de trabalho em diversas sociedades(60), inicia-se a discussão sobre um retorno ao critério da dependência econômica. Esta seria uma forma de equiparar ou possibilitar acesso a certos direitos no campo trabalhista e da seguridade social a trabalhadores que, ainda que não submetidos ao mando direto, possuem uma grande dependência econômica diante das empresas que compram seus serviços. Proposta muito pertinente em um tempo em que a sujeição do trabalho ao capital pode dar-se de forma indireta, porém, nem por isso menos drástica.

Iniciativas desse tipo, que já haviam sido usadas no passado em diversos países europeus para justificar a subordinação de trabalhadores do modelo pré-fordista (trabalhadores em domicílio, representantes comerciais e artesãos), passam a ganhar força com as novas formas de trabalho do modelo "pós-industrial" (teletrabalho, trabalho "virtual" em domicílio e diversas outras espécies, muitas vezes caracterizadas como autônomas, mas economicamente dependentes)(61). Exemplos dessa tendência podem ser encontrados em *Rank*, professor alemão que considera que "a sujeição às ordens já não pode ser considerada como elemento caracterizador da condição de assalariado (...) mas sim a dependência econômica de um único empregador"(62). Sua tese foi incorporada, algumas vezes, pelo Tribunal Federal da Alemanha e, também, pelo Tribunal do Trabalho de Nuremberg. As decisões abandonavam o critério tradicional de ordens diretas e inquiriam sobre o fato de o trabalhador operar ou não como um empresário, com capital próprio e com riscos e oportunidades típicos daquele. Não ocorrendo tal situação, como no caso do empregado de seguros de serviço externo que "não operava no mercado com os seus capitais e organização próprios"(63), a opção mais acertada seria considerá-lo assalariado(64).

---

(60) Baseando-se em dois relatórios sobre a expansão do trabalho não salariado na Europa (*Promotion de l'emploi indépendant*, Genève, 77ª sessão da Conferência Internacional do Trabalho, relatório VII, 1990, quadro AI, p. 108, e *L'emploi non salarié en Europe* (1983/1994), SSL n. 768 de 20 de novembro de 1995, fonte Eurostat.), Supiot conclui que "a tendência geral pois não é, portanto, no sentido de aumento do trabalho independente, mas sim da estabilização, em relação ao emprego total. Esta estabilidade quantitativa esconde, porém, importantes evoluções qualitativas: o trabalho independente cresce no sector de serviços (principalmente dos serviços às empresas que, assim, externalizam algumas das suas funções), enquanto continua a decrescer o número de agricultores". (SUPIOT, *op. cit.*, p. 23)

(61) SUPIOT, *op. cit.*, p. 37.

(62) RANK, Rolf. Äbeitnehmer und Selbstantige, 1988, *apud* SUPIOT, *op. cit.*, p. 37.

(63) SUPIOT, *op. cit.*, p. 38.

(64) *Idem*, p. 37-38.

As formas pelas quais o trabalho autônomo se apresenta na sociedade contemporânea são bem heterogêneas. No Brasil, além da disciplina genérica expressa no Código Civil (prestação de serviços e empreitada), há diversas outras possibilidades dispostas em legislação esparsa. Além disso, deve-se ressaltar que as matérias referentes à agência e distribuição, antes disciplinadas por meio de lei específica que regulava as atividades dos representantes comerciais autônomos (Lei n. 4.886/65[(65)]), passam a integrar o Novo Código (arts. 710 a 721), permanecendo a antiga lei válida no que não contrariar a nova. Há, também, a situação referente ao transportador rodoviário autônomo (Lei n. 7.290 de 1984) e ainda, a hipótese em franca ascensão de prestação de trabalho autônomo por meio de pessoa jurídica, entre outras. Todas as situações citadas, embora se destinem a disciplinar o trabalho autônomo, podem ser afastadas diante de pesquisa que demonstre a existência dos indícios de subordinação, fato este que não tem conseguido evitar uma expansão muitas vezes fraudulenta daquela forma de trabalho.

### *2.3. Autonomia e transformações no mundo do trabalho*

A balança que ao longo de boa parte do século XX pendeu para a expansão do trabalho subordinado, começa a alterar seu ponto de equilíbrio a partir da década de 1970, na Europa Ocidental, e de 1990, na América Latina. Inicia-se, nesse período, uma nova valorização da autonomia com algumas faces felizes, e outras tantas perversamente sombrias. Remete-se, neste ponto, ainda que com alguma liberdade, às referências de *Castel*, ao que tal autor denomina *individualismo negativo*.

O sujeito moderno, calcado nos ideais de indivíduo e de autonomia, foi extremamente desmistificador para o seu tempo, ainda que os pós-modernos lhe atribuam, muitas vezes corretamente, uma incapacidade crítica quanto às novas "crenças", dentre elas a fé extremada na razão e na ciência. Seu projeto emancipatório pautava-se numa expressa e decidida rejeição da tradição do antigo regime, que acorrentava os homens e impedia sua livre determinação. As *luzes*, neste sentido, permitiriam que o ser humano legislasse sobre sua própria vida, distanciando-se dos laços que o faziam irremediavelmente preso a uma comunidade ou a um destino previamente traçado por Deus. Porém, nem tudo se ilumina. Em contraposição à liberdade do filósofo ou à livre iniciativa dos burgueses, há a liberdade negativa dos vagabundos, aquela "forma de individualização que reúne a independência completa do indivíduo e sua completa ausência de consistência"[(66)]. Esse "puro indivíduo (...) individualizado a tal ponto, que está superexposto: desprende-se do tecido encorpado das relações de dependência e de interdependência que estruturam a sociedade"[(67)].

É essa dualidade que a valorização da autonomia recrudesce na atualidade. No extremo positivo estão os profissionais hiperqualificados das consultorias, do *design* e do *marketing*. São os *yuppies* de aeroportos, que não mais precisam se subordinar à impessoalidade e à burocracia dos planos de carreira, da legislação trabalhista, das negociações coletivas e do horário de trabalho; os bem-sucedidos do capitalismo flexível, ainda que para continua-

(65) A Lei n. 8.420/92 altera alguns dispositivos da lei acima referida.

(66) CASTEL, *op. cit.*, p. 597.

(67) *Idem.*

rem a sê-los tenham que tornar vida e trabalho quase sinônimos e apagar os vestígios de qualquer sensibilidade que porventura possam ter para com os perdedores da competição "natural". No extremo oposto, tem-se a realidade do toxicômano dos subúrbios:

*O homólogo da forma de desfiliação que o vagabundo da sociedade pré-industrial encarnava. É completamente individualizado e superexposto pela falta de vínculos e de suportes em relação ao trabalho, à transmissão familiar, à possibilidade de construir um futuro... Seu corpo é seu único bem e seu único vínculo, que ele trabalha, faz gozar e destrói numa explosão de individualismo absoluto*(68).

Situação limite, mas que representa, metaforicamente, a horda dos desempregados e dos precarizados cada vez mais "libertos" para viver trajetórias de aventuras, insegurança e miséria. Em todo o caso, só lhes cabe carregar a vergonha do próprio fracasso. Afinal, como diria *Viviane Forrester*, viver, na atualidade, não é um direito incondicionado, mas algo que se tem que merecer(69).

A compreensão de como se dá a revalorização da autonomia não é tarefa simples, pois envolve aspectos jurídicos, socioeconômicos e culturais. As próprias facetas desse movimento no âmbito do trabalho são diversificadas e heterogêneas, o que dificulta que se trace um quadro geral. Ela pode se manifestar por meio do retorno à valorização da vontade das partes na fixação do conteúdo e da natureza do contrato, da autonomia coletiva utilizada como forma de flexibilizar a jornada e a remuneração do trabalho, da valorização do empreendedorismo e do trabalho por conta própria — muitas vezes como forma de fraudar a legislação laboral(70) —, de uma certa recomposição de tarefas e horizontalização das relações laborais, e da valorização das redes de empresas em detrimento da integração de todos os fatores de produção em um único espaço físico. Vê-se, portanto, que os desdobramentos da valorização da autonomia vão muito além da simples caracterização jurídica do trabalho autônomo. Esta última é apenas uma das formas através das quais a autonomia passa a ser valorizada, ou seja, não apenas se retrai o trabalho salariado, mas muda-se sua forma de ser, dando-se maior ênfase à autonomia, seja no aspecto jurídico (valorização da autonomia da vontade — individual ou coletiva — em detrimento da lei), no próprio processo de trabalho (por meio dos times, equipes ou grupos de trabalho) ou na forma de organização das empresas (com a descentralização e as redes).

Pressuposto para a compreensão dessa revalorização da autonomia, com os diversos desdobramentos jurídicos, sociais, econômicos e subjetivos desse processo, é a análise das mudanças no mundo do trabalho nos últimos trinta anos.

---

(68) *Ibidem*, p. 603.

(69) FORRESTER, Viviane. *O horror econômico*. 4. ed. São Paulo: Unesp, 1997.

(70) "'O modelo para o futuro é o indivíduo como empresário de sua força de trabalho e de sua própria previdência social', escreve a 'Comissão para o Futuro dos Estados Livres da Baviera e da Saxônia'. E ainda: 'a demanda por serviços pessoais simples é tanto maior quanto menos custam, isto é, quanto menos ganham os prestadores de serviço'. Num mundo em que ainda existisse autoestima humana, uma frase deste tipo deveria provocar uma revolta social. Porém, num mundo de animais de trabalho domesticados, ela apenas provoca um resignado balançar de cabeça" (Grupo Krisis, *Manifesto contra o trabalho*. Disponível em <www.krisis.org> Acesso em 12.5.06).

Entender como e por quais motivos houve uma alteração no fluxo que parecia ser natural ao capitalismo, e que acabou por demonstrar a historicidade e fragilidade das sociais-democracias europeias, bem como por sepultar as possibilidades de generalização dessa via aos países periféricos — o processo real é justamente o inverso –, não é tarefa fácil. Fazê-lo de forma sintética certamente implica vários riscos, inclusive o de generalizações nem sempre correspondentes à realidade. Porém, ainda que com tal ressalva e alertando que o quadro que se pretende elaborar é menos um retrato e mais uma caricatura (tipoideal), não se poderá furtar desse desafio, pela utilidade que ele terá em ajudar a localizar os subsequentes lineamentos desse trabalho.

Deve-se, ainda que brevemente, esboçar as profundas modificações ocorridas na esfera da organização da produção, processo denominado *reestruturação produtiva*, que tiveram amplas repercussões na *forma de ser* da classe trabalhadora a partir da década de 1970 na Europa, bem como nas formas de regulação jurídica das relações de trabalho.

Tais transformações estão ligadas ao esgotamento do padrão produtivo hegemônico em grande parte do século XX (taylorismo/fordismo) e que teve sua fase de apogeu principalmente nos chamados anos de ouro do pós-guerra, período em que grande parte dos países da Europa Ocidental conseguiu um alto grau de crescimento econômico associado à certa equidade na distribuição de dividendos entre capital e trabalho. Tal conformação societal é descrita por alguns autores como "compromisso fordista"(71), ou, ainda, "compromisso social-democrata"(72) e, embora tivesse efeitos amplos sobre diversas esferas sociais (Estado, mercado, cultura, sexualidade, etc.), teve como alicerce a grande fábrica fordista. É, portanto, partindo dessa forma organizacional que se pode compreender adiante sua posterior crise e reestruturação.

Em uma primeira aproximação da organização fordista, pode-se defini-la como a adaptação do sistema *taylorista* de *administração científica* para uma linha de montagem. *Taylor*, de forma brilhante e cínica, compara o trabalhador a um "gorila amestrado". É justamente este o perfil de operário que o seu método procura construir. Ele considerava que grande parte das empresas estadunidenses do final do século XIX era improdutiva, e as razões para isso estavam em um sistema produtivo que privilegiava a indolência dos trabalhadores. Em cada empresa existiam diversos trabalhadores que desempenhavam tarefas idênticas utilizando-se de procedimentos diferentes conforme o *savoir-faire* de cada um. Disso resultava um enorme desperdício de movimentos, já que nem sempre a forma mais produtiva (*one best way*) era aquela efetivamente empregada por todos. Porém, a administração ficava de mãos atadas diante dessa situação, pois não possuía mecanismos seguros para aferir a produtividade ideal, ou seja, por não dispor dos conhecimentos detalhados sobre o saber-fazer operário, a gerência acabava por submeter-se às informações emitidas pelo sindicato ou pelos próprios trabalhadores, o que aumentava o poder de ambos.

A solução para tais problemas estaria na realização de um estudo do trabalho operário por parte da gerência científica. O cronômetro esquadrinharia o tempo de cada pe-

---

(71) Vide NEGRI, Antônio. Constituent Republic. In: VIRNO, Paolo; HARDT, Michael, *Radical thought in Italy*. Minneapolis: University of Minnessota Press, 1996. p. 213-220.

(72) BIHR, Alain. *Da grande noite à alternativa*: o movimento operário europeu em crise. 2. ed. São Paulo: Boitempo, 1998. p. 35-50.

queno movimento dos trabalhadores, de forma que ao final se pudesse deduzir a forma de trabalho mais econômica e produtiva que, a partir de então, seria imposta a todos os trabalhadores que realizassem uma determinada tarefa. Não se trata, portanto, de um grande avanço na maquinaria, mas, sim, da própria construção do homem-máquina; não da objetivação do trabalho vivo que se converte em máquina, mas da objetivação da própria subjetividade, que se torna dócil através da "elaboração temporal do ato" e da supressão de suas especialidades profissionais. O antigo operário de ofício é expropriado. Seu saber é agora controlado pela gerência científica, sua existência passa a ser uma existência maquinal(73).

O que *Ford* fez em sua indústria de automóvel foi associar o fracionamento de tarefas típicas do taylorismo a uma esteira rolante por onde os componentes dos seus carros modelos T deveriam se movimentar, ligando, dessa forma, todos os trabalhos individuais sucessivos. Mas o empreendimento de *Ford* não se resume a isso. Para aperfeiçoar a produção, foi preciso padronizar os componentes, o que só pôde ser feito, naquela época, com a integração dos diversos elos da cadeia produtiva em um mesmo espaço fabril, fenômeno denominado *integração vertical*. Além disso, deve-se ressaltar que o salto de produtividade proporcionado pela nova forma de trabalho socialmente combinado possuía, entre as suas características, a homogeneidade dos produtos (no caso específico de *Ford*, o modelo T), e requisitava um grandioso esforço para a construção de um novo leque de consumidores, consubstanciado na noção de "consumo de massa".

Em consequência dessa forma de ser da produção, constituiu-se também uma forma específica de subjetividade operária, que não deixa de ser extremamente contraditória: por um lado, esse grande "aparelho de sequestro" fabril encarcera ao concentrar multidões de trabalhadores; individualiza os corpos evitando os contatos aleatórios, fixando cada qual de forma intensa ao seu posto e à sua operação parcial; destrói os antigos laços profissionais baseados na especialidade, substituindo-os por um verdadeiro homem-máquina, reprodutor de movimentos uniformes; por outro lado, "a massificação lança assim as bases de uma nova identidade, de uma subjetividade mais radical, baseada na recusa da expropriação generalizada, pelo fordismo, em relação ao domínio de suas condições de existência"(74). Além disso, se é certo que há uma divisão milimétrica do tempo (na General Motors, por exemplo, o trabalhador era "pago pelo número de décimos de hora que trabalhasse"(75)), por outro lado, "o tempo rotinizado se tornara uma arena onde os trabalhadores podiam afirmar suas próprias exigências, uma arena que dava poder"(76). Essa contradição vem expressa de forma nítida por *Deleuze*, quando afirma que "a fábrica constituía os indivíduos em um só corpo, para a dupla vantagem do patronato que vigiava cada elemento da massa, e dos sindicatos que mobilizavam uma massa de resistência"(77).

---

(73) Vide TAYLOR, Frederick Winslow. *Princípios da administração científica*. 8. ed. São Paulo: Atlas. 1990.

(74) BIHR, Alain. *Da grande noite à alternativa*: o movimento operário europeu em crise. 2. ed. São Paulo: Boitempo, 1998. p. 57.

(75) SENNET, Richard. *A corrosão do caráter*. 6. ed. São Paulo: Ed. Record, 2002. p. 47.

(76) *Idem*, p. 48.

(77) DELEUZE, Gilles. *Conversações*. Rio de Janeiro: Ed. 34, 1998. p. 221.

A forma de subjetividade operária ora descrita, que *Negri* denomina *operário-massa*, é o resultado e, ao mesmo tempo, a impulsionadora de toda uma maneira de regulação do trabalho e da seguridade social que está no âmago do "compromisso social-democrata" e que, posteriormente, contribuirá para destruir. A disputa pelo controle do tempo, travada pelos sindicatos e partidos operários, se expressa por meio da luta pela redução de jornada, da regulamentação extenuante dos intervalos inter e intrajornada e da fixação de seus limites externos (por exemplo, na discussão sobre a natureza do período de transporte até o local de trabalho). Porém, o tempo extrapola as fronteiras da fábrica, passando a organizar o próprio tempo de vida, por exemplo, nos casos dos sistemas de previdência social. Além disso, fixam-se cada vez mais proteções ao salário, através da sua irredutibilidade, das variadas formas de equiparação salarial e da integração de diversas parcelas à remuneração. Esta se torna cada vez mais rígida, seja pela forma de sua fixação, que já não envolve apenas os contraentes diretos, mas também o Estado ou a normatização coletiva, ou, ainda, pela relativa estabilidade dos trabalhadores (com a predominância dos contratos a prazo indeterminado) e pela rigidez da jornada (mesmo a jornada extraordinária é uma exceção que só confirma a regra[(78)]). Ademais, a própria forma de vigilância e disciplina que caracteriza a organização fordista passa a servir de base para a determinação da relação de trabalho subordinado.

Porém, o fordismo, as formas de subjetividade por ele engendradas e a regulação institucional que esse modelo consolida entram em crise a partir da década de 1970. A premissa teórica de que se parte é a de que a crise do fordismo é a manifestação da crise do padrão de acumulação capitalista, e que as mudanças subsequentes na esfera da produção são uma forma de reação do capital aos obstáculos provocados por tal situação[(79)].

A organização do trabalho social fordista chega, na década de 1970, a uma série de impasses, sendo que entre eles pode-se atentar para elementos objetivos e subjetivos, o que certamente não implica uma separação completa entre ambas as esferas. Descrever esse quadro de forma pormenorizada extrapola as possibilidades desta pesquisa, mas cabe aqui a sucinta abordagem de alguns aspectos[(80)].

---

(78) Sobre a "função-garantia da estandardização do tempo de trabalho", vide OFFE, Claus. *Trabalho e Sociedade*. Vol. 1. Rio de Janeiro: Tempo Social, 1989. p. 195-215.

(79) HARVEY, David. *Condição Pós-Moderna*: uma pesquisa sobre as origens da mudança cultural. 7. ed. São Paulo: Loyola, 1998. p. 115-177.

(80) A leitura dos aspectos impulsionadores da crise é variável de acordo com a opção teórica adotada. Xavier Coller, em sistematização do assunto, busca diferenciar duas escolas que trabalham o tema com enfoques diferentes: regulacionistas e institucionalistas. Os primeiros (incluindo-se entre eles Coriat, Aglietta e Lipietz) "enfatizam los elementos relativos a la producción y al proceso de trabajo (...) a sua propias contradicciones internas: las limitaciones de la línea de montaje, que se muestra incapaz de evitar los tiempos muertos que retrasan la producción; la intensificación del trabajo y la la resistencia de los/as trabajadores a la misma, que genera un elevado malestar en las fábricas y por extensión en la sociedade; y la reducción do los beneficios empresariales, que limita las posibilidades de inversión y lastra el circuito de acumulación" (COLLER, Xavier. *La empresa flexible*: estudio sociológico el impacto de la flexibilidad en el proceso de trabajo. Madrid: CIS (Centro de Investigaciones Sociológicas) e Siglo XXI de España, 1997. p. 20). Já a escola institucionalista (Piore e Sabel) enfatiza principalmente os aspectos referentes à necessidade de adaptação a "una demanda cada vez más clientelizada (no masiva) y diferenciada" (*Idem*, p. 21) (especialização flexível), principalmente após os choques (hiperinflação, crise do petróleo, etc.) que impuseram sérios limites à perpetuação da produção em massa. Neste trabalho, limitou-se a elencar alguns traços gerais apontados por ambas as vertentes sem preocupação de lhes traçar os limites.

O primeiro aspecto é a dificuldade de manutenção da ascensão da produtividade na medida em que o fordismo se espraia pelos diversos setores produtivos, ou seja, se em um primeiro momento o salto produtivo baseava-se na expansão do modelo, a partir da década de 1970 isso já não é mais possível. Resta, portanto, a possibilidade de aprofundamento da disciplina fordista, o que a partir de certo ponto passa a ser contraproducente. O fracionamento científico dos movimentos propugnado por *Taylor*, se levado ao extremo, torna-se disfuncional; a ordem prescrita emanada da gerência não pode prescindir por completo da criatividade operária sob pena de se inviabilizar. Além disso, a intensificação dos métodos se confrontava cada vez mais com o operariado.

Um segundo aspecto relevante consiste nas limitações da própria norma de consumo fordista, baseada no "consumo de massas". A homogeneidade dos bens duráveis produzidos tinha perspectivas de expansão até o ponto em que grande parte dos operários estivesse incluída nesse tipo de consumo, porém, posteriormente, era inevitável uma redução da demanda, tornando imprescindível uma estrutura produtiva adaptada à situação de crescimento lento ou, até mesmo, de estagnação econômica. Sob essa perspectiva, tornava-se necessário que as empresas fossem capazes de captar e construir nichos cada vez mais especializados de mercado, pautados em preferências específicas e individualizadas e, além disso, dotar-se de uma forma organizativa mais flexível, capaz de modificar-se em tempo mínimo, conectando-se quase que instantaneamente a quaisquer variações de demanda.

Por último, deve-se atentar para a chamada "revolta do operário massa". Se nos primeiros anos do fordismo uma elevação de salários (por exemplo, a diária de 5 dólares de *Ford*) e a inserção na sociedade de consumo, com todas as experiências individualizantes que ela proporciona, compensavam o trabalho fabril estafante e desprovido de sentido, a situação muda nas gerações subsequentes. A juventude estudantil e os novos trabalhadores, no fim da década de 1960, demonstram que estão pouco dispostos a "perder a vida para ganhá-la". Tal situação resulta em uma série de resistências que vão desde a recusa do trabalho, expressa em elevados índices de absenteísmo e de *turnover*, até a luta pela "reconquista de um poder sobre o processo de trabalho"[81], redundando em ocupações de fábricas, greves, propostas de autogestão, etc. Segundo *Bernardo*, foram justamente essas revoltas, no seu aspecto mais radical — a ponto de propor um controle social do trabalho sem o capital —, que possibilitaram a percepção por parte do capital das forças intelectivas, imaginativas e criativas do trabalho. Para ele,

> *Os capitalistas compreenderam então que, em vez de se limitar a explorar a força de trabalho muscular dos trabalhadores, privando-os de qualquer iniciativa e mantendo-as enclausurados nas compartimentações estritas do taylorismo e do fordismo, podiam multiplicar seu lucro explorando-lhes a imaginação, os dotes criativos, a capacidade de organização, todas as virtualidades da inteligência. Foi com esse fim que desenvolveram a tecnologia eletrônica e os computadores e remodelaram os sistemas de administração de empresa, implantando o toyotismo, a qualidade total e outras técnicas de gestão*[82].

(81) BIHR, *op. cit.*, p. 61.

(82) BERNARDO, João. Reestruturação Capitalista e os Desafios para os Sindicatos. Lisboa: Mimeo, 1996, *apud* ANTUNES, Ricardo. *Os sentidos do Trabalho*: ensaio sobre a afirmação e negação do trabalho. 6. ed. São Paulo: Boitempo, 2002. p. 45.

Enfim, todos os fatores citados acima ameaçavam a produtividade e a acumulação do capital, sendo necessária uma reestruturação que desse conta desses diversos desafios.

Nesse ponto de transição surgem diversos problemas. Em primeiro lugar, deve-se ressaltar que o quadro taylorista-fordista acima esboçado é muito mais um instrumento heurístico e sabidamente homogeneizador do que uma descrição capaz de abranger globalmente as nuanças da realidade social. Por isso, não deixam de ter razão os críticos que veem certa idealização retrospectiva do fordismo, que em verdade não possuiria a coerência e a abrangência que muitos acabam por lhe atribuir. Porém, mais difícil ainda é descrever a realidade que desponta com sua crise, que é certamente mais heterogênea e dista de um arranjo global unitário. Nesse caso, a diversidade de análises é patente e as generalizações são perigosas.

Alguns falam em "fim do trabalho"[83] (*André Gorz*), outros em "crise da sociedade do trabalho"[84] (*Robert Kurz*). *Negri* e *Lazarrato* apontam para os aspectos cooperativos e subjetivos envolvidos na "hegemonia do trabalho imaterial"[85]. Fala-se em sociedade "pós-industrial", em "pós-fordismo" e ainda em "acumulação flexível". Não se irá, aqui, adentrar o lodo de todas essas caracterizações, embora se reconheça a importância de muitos desses debates. Propõe-se apenas a identificação de alguns traços genéricos acerca do toyotismo, mas não por se considerar que essa forma de organização da produção de origem japonesa instaura um verdadeiro paradigma capaz de descrever de forma global o mundo do trabalho contemporâneo. Longe disso! Tal posição não seria possível, até pelo entendimento de que a sentença de morte do fordismo foi anunciada em diversas ocasiões de forma precipitada, sendo que ele pode se conciliar, ainda que contraditoriamente, com novos métodos de gestão, seja através de modelos híbridos, seja expandindo-se para terrenos periféricos.

A opção pela análise do toyotismo é, portanto, menos por considerá-lo como explicação universal do capitalismo contemporâneo (embora não se deva desprezar sua capacidade de difusão) do que devido ao objeto dessa pesquisa. No campo da indústria automobilística, a influência do ohnismo[86] é realmente impreterível, mesmo que na análise posterior das montadoras da RMC se possa perceber que ele é empregado seletivamente.

O modelo de gestão da produção e do trabalho advindo do Japão vai difundir-se pelo ocidente a partir da década de 1970, ainda que com diversas adaptações. Sua lógica é, em certo sentido, inversa à da produção em massa fordista, e foi concebida com base nos modelos dos supermercados estadunidenses. Trata-se de uma espécie de *produção puxada pela demanda* em que a atividade da linha está diretamente conectada aos índices de venda, de modo que alterações quantitativas ou qualitativas repercutem diretamente na organização da produção. Há uma busca incessante de adaptação imediata (*just in time*) da produção às exigências e mutações do mercado, providência que se coaduna com a

---

(83) GORZ, André. *Adeus ao proletariado*. Rio de Janeiro: Forense, 1982.

(84) KURZ, *op. cit.*, p. 213.

(85) LAZZARATO, Maurizio; NEGRI, Antônio. *Trabalho Imaterial*: formas de vida e produção de subjetividade. Rio de Janeiro: DP&A, 2001. p. 26.

(86) O termo é sinônimo de toyotismo. Refere-se ao engenheiro da Toyota, Taiichi Ohno, idealizador do modelo.

produção "em séries restritas de produtos diferenciados"[87], justamente o oposto do que ocorre no "rígido" modelo fordista. Para viabilizar o sistema *just in time*, foi de suma importância a implementação do *kanban* (em japonês, o equivalente a placa ou cartão): técnica simples, baseada na introdução de um fluxo de informação invertido, que caminha em sentido contrário ao desenvolvimento normal da produção. As fichas vão do posto posterior ao anterior e servem para informar quais são as encomendas.

*Ohno* construiu um modelo organizacional que se adapta muito melhor às situações de crescimento econômico lento e, por isso, sua "filosofia" serviu como resposta a muitos que buscavam saída para a estagnação da década de 1970. Isto porque seu sistema visualiza formas de aumento de produtividade sem que se tenha que produzir mais. O *just in time* é um desses expedientes, pois ao possibilitar a redução dos estoques e gerar uma resposta quase instantânea à demanda, acaba diminuindo o capital imobilizado, os tempos mortos e acelerando o ciclo de reprodução do capital, o que é certamente uma maneira de aumentar a taxa de mais-valia.

A receita do sistema toyota é a fábrica mínima ou enxuta (*lean production*). A competitividade deve ser garantida através da redução de equipamentos e de pessoal. Para isso, a análise dos pontos em que há estoque é fundamental. Segundo *Ohno*, é por meio deles que se consegue identificar onde há desperdício, possibilitando-se, assim, sua supressão. Além disso, deve-se considerar que o gigantesco aparelho disciplinar, típico da grande fábrica fordista, é substituído por uma cadeia de fornecedores interligados, todos sob forte dependência da empresa-mãe e integrados por sistemas informáticos. As necessidades de componentes dessa última são cada vez mais externalizadas, de modo que ela mantenha somente as atividades julgadas vitais, fragmentando-se, também, a alocação dos trabalhadores. Porém, o interesse que se tem por esse sistema está nas transformações na forma de se trabalhar que ele impulsiona e, também, nas mutações ocorridas a partir de então na subordinação do trabalho ao capital.

Enquanto no fordismo a produtividade baseia-se principalmente na "eficácia do trabalhador em seu posto"[88], no toyotismo vige a noção de *tempo partilhado*, ou seja, importa menos a produtividade individual, e mais a eficiência conjunta apresentada pela combinação de diversos trabalhos empreendidos em uma "célula" ou "ilha". A alocação de trabalho é feita a um conjunto de trabalhadores e a medição dos resultados também terá este parâmetro coletivo. Para isso, serão necessárias diversas alterações na forma tradicional de produção em linha. Implanta-se o conceito de *autonomação* (autonomia e automação), em que as máquinas automáticas passam a ser dotadas de "uma certa autonomia a fim de introduzir um mecanismo de parada automática em caso de funcionamento defeituoso"[89]. Isso faz com que o trabalhador deixe de operar somente uma máquina e opere diversas delas simultaneamente, o que torna seu trabalho muito mais indireto, ou seja, baseado mais no preparo das máquinas do que na execução direta. Dessa forma, possibilita-se a denominada polivalência que, entretanto, não se resume ao trato simultâneo de diversas máquinas. No *ohnismo* incluem-se também, entre as

(87) CORIAT, *op. cit.*, p. 31.

(88) *Ibidem*, p. 67.

(89) *Ibidem*, p. 52.

atribuições do trabalhador, o controle de qualidade, a manutenção dos equipamentos, a limpeza do local de trabalho, etc., atividades que por uns são vistas como uma recomposição de tarefas, e, por outros, como simples intensificação e sobre-exploração do trabalho. Além disso, haverá "uma maior responsabilidade das equipes de trabalho nas linhas de produção, em especial para fazer frente às flutuações de demanda e para gerir as máquinas sob seu controle"(90).

Diversos aspectos podem ser apontados sobre a análise das transformações acima aludidas. O centro do debate, no entanto, retorna, após esse longo trajeto, à questão da autonomia. Importa saber até que ponto a polivalência, a recomposição de tarefas, o trabalho em equipe e os círculos de qualidade presentes no sistema toyotista representam uma ruptura com a noção de trabalho subordinado.

Em primeiro lugar, deve-se deixar claro que em termos jurídicos não há qualquer dúvida. Por enquanto, nem no Japão ou em lugar algum ousou-se considerar o trabalho desempenhado pelos operários de uma fábrica de veículos como trabalho juridicamente autônomo. Não se chegou a tal ponto. Portanto, o questionamento refere-se à tentativa de compreensão do significado desse espaço de responsabilidade e de tomada conjunta de decisões, dessa esfera de liberdade em que é possível decidir sobre como fazer, dar opiniões e cooperar. Ademais, é preciso compreender o lugar ocupado pela subordinação nesse contexto. Como ela se exprime? Por quais mecanismos, que não aqueles ligados à ordem direta do supervisor, inspetor ou encarregado de produção, a hierarquia se mantém? Quais os dispositivos, as técnicas de que se utiliza o capital para obter participação e engajamento (*employee involvement*), com o mínimo de visibilidade para sua astúcia e violência? Entra-se, assim, em um terreno arenoso, no espaço da subjetividade.

## 3. *TRABALHADORES DO SETOR AUTOMOBILÍSTICO: DA INTEGRAÇÃO VERTICAL AO TRABALHO EM EQUIPE — O CASO DAS MONTADORAS DA REGIÃO METROPOLITANA DE CURITIBA (RMC)*

A experiência de um maior espaço de autonomia nos interstícios do trabalho industrial subordinado é questão das mais instigantes. Desde logo surgem inúmeras dúvidas, dentre as quais se podem citar: os questionamentos sobre a intensidade e a qualidade das transformações, com maior ou menor ênfase, conforme a opção teórica ou o setor industrial estudado, nos aspectos de continuidade ou ruptura com o modelo fordista; as discussões sobre o caráter positivo ou negativo das transformações, com abordagens que privilegiam a crítica à intensificação do trabalho, ou que veem uma nova possibilidade, ainda que circunscrita, de reapropriação do saber-fazer por parte dos operários; os debates acerca do significado da valorização dos aspectos comunicacionais, cognitivos e subjetivos da nova forma de trabalho, enfocando-os como ampliação das fronteiras de exploração e manipulação, ou, ainda, como o indício de uma autonomia radical do trabalho vivo em relação ao capital, já que este perderia os meios de se representar como o polo criativo das relações de produção.

---

(90) GOUNET, Thomas. *Fordismo e Toyotismo na Civilização do Automóvel*. São Paulo: Boitempo, 2002. p. 67.

Procurar-se-á discutir tais controvérsias a partir de uma situação específica: a análise das transformações do trabalho e, portanto, na subjetividade daqueles que trabalham em um setor específico da atividade industrial brasileira: o setor automobilístico. Serão analisadas as transformações sofridas por esse setor no Brasil, bem como a recente implantação de um parque automotivo na Região Metropolitana de Curitiba. Trata-se, portanto, de uma análise que de forma alguma pode ser generalizável para a compreensão das relações industriais e de trabalho do país. Suas inovações organizacionais do tipo *lean production* não deixam de ser restritas e, se mesmo a grande fábrica fordista dos "anos gloriosos" do capitalismo não empregava mais do que uma minoria dos operários, muito menos se pode esperar das novas plantas baseadas na produção enxuta. Os trabalhadores que nelas trabalham são, portanto, uma exceção dentro da composição do mercado laboral nacional; são aqueles que, diante dos altos índices de desemprego e de informalidade, muitas vezes são denominados "aristocracia operária", apesar dos baixos salários. Qual seria, portanto, a relevância desse objeto de estudo?

Durante todo o século XX, e ainda não se pode ter um parecer sobre o século XXI, a indústria automobilística representou verdadeira vanguarda em matéria de organização da produção, seja através dos experimentos de Henry Ford, seja com o modelo flexível da Toyota, ou, ainda, com menor abrangência, com as inovações da Volvo (volvoísmo), que implementou os chamados grupos semiautônomos. Tal pioneirismo contribuiu para que esse setor produtivo fosse verdadeiro paradigma, tendo suas técnicas organizacionais posteriormente reproduzidas por diversos segmentos industriais e também pelo setor de serviços. É o que ocorre, por exemplo, com o trabalho em equipe, o *just in time*, os círculos de controle de qualidade e a filosofia 5S, que se propagam por diversos espaços produtivos e não produtivos, inclusive os lares. A preocupação com a limpeza, a higiene e a economia é vista, muitas vezes, como um verdadeiro "*ethos* civilizador", que pode perfeitamente ser transposto com sucesso para o espaço doméstico(91).

A atenção neste trabalho volta-se, sobretudo, para os aspectos organizacionais da indústria automotiva. Portanto, desde logo, deve-se ressaltar que os temas relativos ao poder econômico, às relações institucionais com os atores estatais, à análise de mercados e à nova geografia desse setor, só serão abordados de forma incidental. O foco central está na compreensão das mudanças na forma de organização e produção, e, consequentemente, das relações de trabalho. É aí que se encontra a questão da maior autonomia dos trabalhadores e também a ligação com o tema a ser discutido nos capítulos subsequentes — a Participação nos Lucros ou Resultados (PLR). É na confluência entre autonomia e PLR que se poderá antever ou não uma mudança no perfil da subordinação. A forma ideal dessa transformação, que nem sempre se verifica empiricamente, mas que se apresenta como uma tendência, encontra-se no deslocamento da hierarquia e da vigilância para o controle por meio da persecução de metas. Dessa forma, mais importante do que a cobrança contínua pelo capataz, ou figura que lhe seja equivalente (supervisor, encarregado, feitor, mestre), seria a assunção da responsabilidade e o autocontrole pelo próprio operário (agora denominado colaborador). Este deve visualizar a empresa como uma verdadeira comunidade, onde as hierarquias, longe de se apresentarem como porta-

(91) MELLO E SILVA, Leonardo. *Trabalho em Grupo e sociabilidade privada*. São Paulo: USP, 2004. p. 222.

doras materiais do conflito entre capital e trabalho, são naturalizadas. Há simplesmente peças diferenciadas no quadro complexo da corporação, mas que têm, cada qual, suma importância.

### 3.1. *Indústria automobilística no Brasil*

Embora já houvesse, desde 1919 (Ford) e 1925 (General Motors), a montagem de automóveis no Brasil através da importação dos chamados *kits* CDK, é somente a partir de meados da década de 1950 que se inicia verdadeira produção local. No período que vai de 1956 a 1968 implantam-se aqui, além das empresas acima citadas, a Scania-Vabis, Mercedez-Benz, Chrysler (que seria encampada pela Volkswagen em 1981), Toyota e Volvo, além de Simca, Willis e Vemag. Na década de 1970 instala-se a Fiat, consolidando-se, assim, um parque industrial que só irá sofrer profundas transformações na década de 1990[(92)].

Foram diversos os fatores que impulsionaram a produção de automóveis em solo brasileiro. O desenvolvimentismo do governo Juscelino Kubitschek, com seu plano de metas e seu *slogan* "cinquenta anos em cinco", apontava para um Estado articulador de uma política industrial de substituição das importações. Para isso, foram necessários alguns incentivos, como subsídios de bancos oficiais e taxas de câmbio favoráveis à importação de alguns componentes, em troca do aumento do índice de nacionalização de peças dos automóveis aqui produzidos. Porém, o elemento central parece ter sido o fechamento do mercado às importações de veículos, coação que deixava poucas possibilidades para as empresas que tinham interesses no mercado de consumo brasileiro. Seria preciso produzir aqui ou renunciar à fatia do bolo.

Tais empresas concentraram-se, em sua grande maioria, no ABC paulista, região metropolitana da cidade de São Paulo. Suas características, em termos gerais, eram a produção em escala e concentrada, a grande incorporação de força de trabalho e a organização verticalizada. Houve, diversas vezes, um processo de internalização da produção de componentes impulsionado pela instabilidade econômica e pelo caráter cartelizado dos fabricantes de autopeças. Tudo isso como forma de ter uma atuação mais independente com relação aos fornecedores. A Volkswagen, por exemplo, chegou a produzir parafusos, porcas e rebites, algo impensável para os padrões atuais de produção enxuta. Sua planta, na década de 1970, empregava diretamente 35.000 trabalhadores, incluindo aí faxineiros, motoristas, copeiros, cozinheiros, etc.[(93)], realidade muito próxima do ocorrido com outras grandes multinacionais do ramo: Ford e General Motors.

As características organizacionais e a forma de trabalho dessas fábricas de automóveis coincidiam em grande parte com o taylorismo-fordismo (a integração dos fatores de produção em um mesmo espaço físico, a separação extrema entre o trabalho de concepção e execução, o parcelamento de tarefas, a repetição, a disciplina, etc.). Porém, é preciso atentar para as especificidades das relações de trabalho brasileiras, típicas de um país periférico.

---

(92) CARDOSO, Adalberto Moreira. *Trabalhar, verbo transitivo*: destinos profissionais dos deserdados da indústria automobilística. Rio de Janeiro: FGV, 2000. p. 38-39.

(93) *Idem*, p. 32. Número que nos anos 1990 reduziu-se a aproximadamente 15.000.

Se é indubitável que a organização de tipo fordista é intrinsecamente disciplinadora e autoritária, não é menos verdade que em diversas oportunidades se procurou amenizar, ou pelo menos compensar, tal situação. É o caso do salário de 5 dólares por dia, pago por Ford aos seus operários, fixado bem acima daqueles praticados pela concorrência e que buscavam contrabalancear a falta de sentido advinda do caráter mecânico da nova forma de trabalho. Além disso, as organizações operárias europeias e estadunidenses conseguiram, através de suas lutas e da construção de identidades coletivas, transformar o anonimato e a massificação da condição operária em inserção em uma ordem de direitos e também de consumo. No Brasil, a situação é diferente. O fordismo convive longos anos com um período de exceção — de 1964 até parte da década de 1980 — que produz largo efeito sobre as relações de trabalho, inclusive nas multinacionais: o arrocho salarial impingido diretamente pelo Estado, por meio da chamada política salarial, que indexava a massa salarial em um patamar sempre inferior às perdas inflacionárias reais(94); restrições tamanhas ao direito de greve, que praticamente inviabilizavam a eclosão de greves legais(95) (Lei n. 4.330 de 1964); estrutura sindical de cunho autoritário, com forte controle estatal sobre suas atividades, inclusive com a possibilidade de dissolução de diretorias, nomeação de interventores, etc.; e alta taxa de rotatividade da mão de obra, apontando para a flexibilidade e o uso predatório da força de trabalho.

Tal quadro de relações industriais irá modificar sua conformação a partir de fins da década de 1970. As greves que assolam o ABC em 1978 e 1979 representam não só um inconformismo quanto aos baixos níveis salariais, mas um questionamento do próprio regime militar, da estrutura sindical oficial e do caráter autoritário das relações de trabalho no Brasil. Não é por acaso que até os dias atuais os metalúrgicos do ABC, especialmente os integrantes das empresas automobilísticas, são uns dos poucos no parque industrial brasileiro que conseguiram implantar, via acordos coletivos, uma série de comissões de fábrica (órgãos de representação dos trabalhadores nos locais de trabalho), consistindo tal situação num avanço na persecução de relações de trabalho mais igualitárias. Nos casos das empresas que possuem tal representação, pode-se perceber que processos como o incremento dos índices de automação ou a introdução de novas técnicas de gestão, acabam sendo muito mais conflitivos e exaustivamente negociados do que nas situações em que tal tradição organizativa é inexistente, fato que na interpretação dos teóricos da flexibilidade é sistematicamente deslocado. Para estes, a resistência não tem relação alguma com o caráter inerentemente conflitivo das relações entre capital e trabalho. Trata-se apenas de um conservadorismo cultural dos trabalhadores e de suas organizações; uma tendência à inércia que só pode ser revertida com uma mudança de paradigma cultural a ser empreendida pelos gestores da empresa. Na Ford de São Bernardo do Campo, a gerência vivenciou durante longos anos essa situação de "resistência cultural". A comissão de fábrica, durante boa parte da década de 1980, boicotou a implementação do programa denominado "trabalho participativo" proposto pela empresa(96).

---

(94) SILVA, Elizabeth Bortolaia. *Refazendo a Fábrica Fordista*: contrastes da indústria automobilística no Brasil e na Grã-Bretanha. São Paulo: Ed. Hucitec, 1991. p. 246.

(95) Na Ford do Brasil "entre 1957 e 1977, oito dias e nove horas foram perdidos em disputas trabalhistas" (*idem*, p. 243), quantia irrisória que dá uma ideia do conteúdo repressivo das relações industriais desse período.

(96) Sobre os meandros de tal conflito vide SILVA, *op. cit.*, p. 338-340.

Ocorre que, já na década de 1980, com a grave crise econômica e a necessidade de ampliar o percentual de veículos exportados como forma de suprir a queda da demanda interna, inicia-se o processo de reestruturação do setor automobilístico, processo que nessa mesma década terá um aspecto incipiente e defensivo, já que ainda vigora grande proteção ao mercado externo. Portanto, será somente na década de 1990 que o setor sofrerá uma reestruturação sistêmica, "fruto da combinação de abertura comercial, crescente integração do Mercado do Cone Sul, redefinição do lugar do país na divisão internacional do trabalho e nas estratégias das montadoras em particular e redirecionamento dos estímulos governamentais ao investimento produtivo"(97). Haverá, nesse período, não só o enxugamento das antigas plantas, concentradas especialmente no ABC, mas também uma política de implantação de fábricas em novas regiões, as quais já seriam instaladas em um formato enxuto. Tem-se, portanto, uma grande redução do uso da força de trabalho aliada ao aumento da produtividade. Introduzem-se novas tecnologias com a elevação dos índices de automação. Segundo *Cardoso*, na segunda metade da década de noventa,

> *as montadoras do país já contam com: sistema de trabalho em células de produção na maioria das unidades, com polivalência dos trabalhadores, capazes de executar várias funções; redução de níveis hierárquicos e consequente transferência ao trabalhador de várias responsabilidades quanto à qualidade do produto final; controle estatístico de processo; focalização da produção e terceirização de produtos e serviços, variáveis segundo a idade das plantas; '**just in time**' [grifo do autor] interno e externo, ainda que implantados em intensidade diversa também segundo a idade e a localização geográfica da planta. Além disso, todas as plantas de todas as montadoras têm certificado ISO 9000, todas têm programas mais ou menos sistemáticos de melhoria contínua e de sugestões e todas redefiniram o layout de produção, com reengenharia de unidades inteiras. São mudanças profundas, sistêmicas que tendem a integrar todas as unidades de produção segundo esquemas de cliente-fornecedor internos típicos das relações interfirmas que se estão consolidando na cadeia como um todo*(98).

### 3.2. *Parque automobilístico da Região Metropolitana de Curitiba (RMC): autonomia subordinada nos grupos de trabalho*

Quanto à indústria automotiva paranaense, o foco central com o qual se pretende trabalhar é o incremento industrial ocorrido na segunda metade da década de 1990, com destaque para os investimentos direcionados à Região Metropolitana de Curitiba (RMC), impulsionados principalmente pela vinda das montadoras Renault, Volkswagen-Audi e Chrysler (esta já desativada, em setembro de 2001, devido a opções estratégicas da empresa). Porém, antes, cabem algumas considerações acerca da configuração produtiva paranaense no período antecedente, bem como do contexto em que ocorreram estes novos fluxos empresariais.

---

(97) CARDOSO, *op. cit.*, p. 37.

(98) *Ibidem*, p. 57.

A economia paranaense tem como tradição mais duradoura a produção agropecuária. É somente a partir da década de 1970 que se dá a primeira tentativa de alterar tal situação e implantar no estado um verdadeiro parque industrial. A criação da Cidade Industrial de Curitiba (CIC), da Refinaria de Petróleo em Araucária e da indústria de processamento de óleos vegetais em Ponta Grossa são os principais exemplos desse esforço. Ainda assim, deve-se considerar que o impulso do setor metal mecânico, por exemplo, com a implantação da Volvo[(99)], não deixa de se ligar à hegemonia agrícola, já que a empresa produzia justamente os veículos pesados nela utilizados (carrocerias para caminhões, tratores, colheitadeiras, etc.).

Porém, na década de 1990, com a acentuação do processo de mundialização do capital, com as diretrizes políticas nacionais que enfatizavam a estabilidade monetária e a atração de capital estrangeiro (Plano Real), com a reterritorialização dos investimentos transnacionais, que deixam de ser exclusividade de São Paulo, embora ainda mantenham lá sua maior concentração, e com uma série de incentivos do governo estadual e dos municípios, ligados à denominada "guerra fiscal" (redução do ICMS e do IPTU, doações de terrenos, investimentos em infraestrutura), constitui-se na Região Metropolitana de Curitiba (RMC) um novo parque industrial impulsionado pela implantação das empresas automobilísticas (Renault, Volkswagen-Audi e Chrysler) e das suas fornecedoras.

As controvérsias em torno desse processo são inúmeras e certamente não cabe neste momento detalhá-las, mas, sim, tecer algumas considerações. Em primeiro lugar deve-se levar em conta que a descentralização industrial representada pela instalação das montadoras é, na realidade, uma nova forma de concentração, pois, embora o projeto governamental fosse impulsionar a industrialização no Estado (Projeto Paraná Mais Empregos), percebe-se, ao analisar o montante dos investimentos[(100)], que houve um direcionamento majoritário para algumas cidades da RMC, com preponderância para São José dos Pinhais. Um segundo aspecto, não menos importante, está nas projeções oficiais quanto ao número de empregos que seriam criados com a introdução do parque[(101)], claramente superestimadas. Já não se tem um modelo fabril marcado pela concentração

(99) Tal empresa, embora tenha se instalado em Curitiba em um contexto industrial diverso do atual, teve também sua planta e gestão reestruturadas a partir da década de 1990, situação que a coloca em uma posição peculiar, já que muitos dos trabalhadores, ao contrário do que ocorreu nas demais montadoras aqui instaladas, vivenciaram a transformação das formas de gestão. Há, portanto, uma memória das antigas formas de se trabalhar, referente ao período que antecedeu a introdução das chamadas equipes autogerenciáveis (*self managers teams*). Além disso, a tradição sueca da Volvo faz com que seus modelos participativos possuam uma série de particularidades com relação às demais montadoras, situação que será mais bem desdobrada adiante.

(100) Tal afirmação não é verdadeira se analisados outros critérios, como, por exemplo, número de instalações.

(101) "Entre 1995 e 1999, visando à adesão ao Programa Paraná Mais Empregos, foram firmados 156 protocolos de intenções entre o governo do estado e as empresas, cujos investimentos totalizam cerca de R$ 7 bilhões e com a expectativa de geração de 48 mil empregos diretos" (MOTIM, Benilde M. Lenzi; FIRKOWSKI, Olga L. de Freitas, ARAÚJO, Silvia Maria P. de. Indústria Automobilística do Paraná: implicações sobre o emprego e as relações de trabalho. In: NETO, A. M. de (Org.). *Indústria automotiva*: a nova geografia do setor produtivo. Rio de Janeiro: DP&A, 2002. p. 367).

de homens e máquinas, mas, sim, plantas adaptadas para a produção enxuta e flexível e, portanto, que demandam um número muito menor de trabalhadores[(102)] do que aquelas originalmente implantadas no ABC paulista.

Apesar da diversidade dos aspectos envolvidos na implantação desse novo parque industrial e das questões relativas à integração da cadeia, por meio, também, da vinda de fornecedores globais (*global sourcing*), pretende-se apontar, sobretudo, o aspecto referente à gestão interna da produção por meio dos grupos de trabalho[(103)]. Busca-se iniciar a discussão a partir das modificações que eles proporcionam na relação entre capital e trabalho, bem como analisar se podem representar realmente um avanço na democratização de tais relações, abrindo maiores possibilidades de autonomia.

Ainda que com feições, atribuições e formas diferenciadas, as três empresas pesquisadas — Volkswagen-Audi, Renault e Volvo — possuem estes mesmos grupos: na Renault denominam-se UETs (Unidades Elementares de Trabalho); na Volkswagen-Audi, "times de trabalho", e na Volvo são chamados EAGs (Equipes Autogerenciáveis). Em todos os casos pode-se perceber como traços gerais, com maior ou menor grau: a ênfase na participação; a preocupação com o maior envolvimento dos trabalhadores no processo de trabalho e com os objetivos e metas da empresa; a tentativa de melhoria e agilidade na comunicação tanto dentro do grupo, quanto entre este e as esferas hierárquicas superiores, reduzindo-se, inclusive, estas últimas, com a supressão de estratos intermediários; a valorização da polivalência, da criatividade e da capacidade de trabalhar em grupo; a preocupação com a qualidade dos produtos e processos, com a constante redução de custos e a flexibilidade. Entretanto, essa conformação geral parece possuir algumas diferenças específicas que não podem ser olvidadas.

Dentre as empresas estudadas, pode-se perceber que os grupos de trabalho da Renault e da Volkswagen-Audi incorporam aspectos mais próximos do ohnismo, enquanto a Volvo parece mesclar elementos deste com aspectos referentes ao modelo pioneiro de grupos semiautônomos, implantados na década de 1970, por essa mesma empresa, na planta de Uddevalla, Suécia. No primeiro caso (Renault e Volkswagen-Audi) estar-se-ia mais próximo dos chamados "grupos enriquecidos", "em que se enfatizaria a polivalência, o autocontrole e o aumento da responsabilização por decisões relativas à qualidade e produtividade no cotidiano da produção"[(104)]. Portanto, embora haja uma certa recomposição das tarefas dos operários, a autonomia é extremamente restrita. Já no caso dos "grupos semiautônomos"[(105)] haveria uma maior ênfase na autonomia e um leque mais amplo de

(102) Para uma abordagem mais detalhada do processo de industrialização do Paraná, bem como do novo ciclo de investimentos da década de 1990, vide: FIRKOWSKI, Olga L. C. de Freitas. Industrialização, questão ambiental e mercosul: breve análise da inserção do Paraná. In: R. RA'E GA, Curitiba, n. 2, p. 85-106. Ed. UFPR, ou, ainda, MOTIM, Benilde M. Lenzi; FIRKOWSKI, Olga L. de Freitas, ARAÚJO, Sílvia Maria P., *Desconcentração da indústria brasileira e seus efeitos sobre os trabalhadores:* a indústria automobilística no Paraná. Trabalho apresentado no IV Colóquio Internacional de Geocrítica. Barcelona, 27, 28, 29 e 30 de maio de 2002.

(103) Estes terão denominações diferentes conforme a empresa abordada.

(104) MARX, Roberto. *Trabalho em grupos e autonomia como instrumentos de competição*. São Paulo: Atlas, 1998. p. 53.

(105) Esta distinção entre "grupos enriquecidos" e "grupos semiautônomos" foi retirada de MARX, Roberto. *Trabalho em grupos e autonomia como instrumentos de competição*. São Paulo: Atlas, 1998.

atribuições delegadas às equipes. É preciso, no entanto, ressaltar que tal descrição se trata de uma aproximação a dois tipos ideais. É possível encontrar nas três empresas aspectos relativos ao fordismo, como, por exemplo, a subsistência do posto de trabalho (o posto de trabalho permanece como pressuposto da polivalência), a fragmentação e a repetição de tarefas, além de uma série de prescrições. Este último aspecto parece indicar uma contradição importante nas novas formas de gestão, ou seja, há "o desenvolvimento da autonomia, conhecimentos e capacidades de ação, juntamente com a lógica da padronização das atividades, dos processos e das regras de funcionamento do trabalho coletivo que limitam a subjetividade"[(106)]. É geral, também, a presença de elementos do toyotismo, como a "administração pelos olhos" através de painéis eletrônicos que transmitem em tempo real a relação entre a produtividade efetiva e o objetivo de produtividade pactuado com a empresa para um determinado turno de trabalho, o *just in time* (embora nem sempre completo[(107)]), etc. Apesar de tais ressalvas, pode-se utilizar o modelo japonês e o sueco como instrumentos para a definição de algumas diferenças entre as empresas.

Os grupos de trabalho da Volvo, denominados EAGs (equipes autogerenciáveis), têm nitidamente um âmbito de atribuições muito maior do que o das outras duas montadoras. Além da polivalência, do controle de qualidade e de fluxos, da limpeza e organização, da solução de problemas e do atingimento de metas (Volkswagen-Audi e Renault), as EAGs têm outras atribuições, incluindo até mesmo a participação no processo de demissão e admissão de novos trabalhadores, ainda que nesse caso a decisão definitiva seja da gerência.

## TABELA 1 — ORGANIZAÇÃO DOS GRUPOS DE TRABALHO (VOLKSWAGEN-AUDI, RENAULT E VOLVO)

| Grupos de Trabalho[(*)] | Volkswagen-Audi | Renault | Volvo |
|---|---|---|---|
| **denominação e reuniões** | Times | UET (unidade elementar de trabalho), reuniões de 5 min diárias no início de cada turno. | EAG (equipe autogerenciável), reuniões de 30 min todas as quintas-feiras, das 8h00 às 8h30. |
| **composição** | 8 a 12 trabalhadores (exceção estamparia, com 18 trabalhadores). | 10 a 20 trabalhadores. | O número de integrantes do grupo está relacionado à complexidade do processo, podendo ser composto de 3 a 29 membros. |

(106) MEZA, Maria Lúcia F. G. de. O modelo de gestão por competências: um estudo de caso na indústria automotiva paranaense. In: *Workshop — Indústria Automobilística: Trabalho e Território*, 2004, Curitiba: *Cd-Room*, Curitiba, 2004. p. 37.

(107) A Volkswagen-Audi e Volvo, em alguns casos, trabalham com certos níveis de estoque como forma de se precaverem contra eventualidades no fornecimento de peças.

| | | | |
|---|---|---|---|
| **Liderança interna ao grupo** | Monitor(**) escolhido pelo líder da manufatura em razão do grau de polivalência. | Operador sênior: conhece todas as tarefas da UET, é escolhido pela gerência. | Representante: escolhido pelo coordenador. |
| **Atribuições da Liderança** | Coordenação das reuniões, elo de comunicação com o líder da manufatura, conhece as diversas operações relativas ao time. | Responsável pela atualização dos painéis de informações técnicas, pela convocação de reuniões e pelo treinamento. | Atua como porta-voz da equipe. Coordena as reuniões, transmite informações e acompanha o desempenho da equipe. É corresponsável pelos resultados da equipe. Exerce funções administrativas (distribuição de vale-alimentação, holerites, relatório de anomalias). |
| **Liderança de vários grupos** | Líder de manufatura | Gerente | Coordenador |
| **Remuneração da liderança interna ao grupo** | 7% superior à remuneração dos demais membros. | Superior à remuneração dos demais membros. | Igual à remuneração dos demais membros. |
| **Atribuições do grupo** | Polivalência. Conhecer o equipamento. Saber corrigir, reclamar e parar a linha. Assumir o controle das peças que são entregues na linha pela logística. Limpeza e organização. | Polivalência. Responsabilidade pelo controle de qualidade dos fluxos de materiais entregues pelos fornecedores. Limpeza e conservação do espaço. Planejamento de Tarefas e Solução de Problemas. | Avaliação do desempenho individual de cada membro do grupo. Ações sobre o absenteísmo. Coordenação das rotinas de qualidade. Apontar necessidade de treinamento. Acompanhamento de metas (volume de produção, qualidade, casa limpa, proposta de melhorias, redução de custos, precisão de entrega). Participação no processo de contratação e demissão. Planejamento de horas extras e férias. |

(*) Tabela elaborada pelo autor.

(**) Em visita à Planta da Audi-Volks realizada em 11.5.05, a responsável pelo Centro de Comunicação da Empresa relatou que havia uma proposta de mudança do conceito de monitor para o de orientador. Tal substituição seria uma forma de mudança de perfil, ao que parece na tentativa de afastar qualquer correlação com a noção de chefe.

A compreensão do trabalho em grupo é uma tarefa difícil. De certa forma, o discurso gerencial valoriza anseios longamente reprimidos pela organização do trabalho: maior autonomia, incorporação de significação às atividades humanas e, inclusive, na vertente mais radical, apropriação e gestão coletiva da produção social. Desejos relegados a segundo plano, inclusive pelas organizações dos trabalhadores que, imbuídas na maioria das vezes de uma visão estatista, acabaram transferindo a regulação das condições de trabalho para outras fontes heterônomas, sejam elas expressas pela regulação estatal ou pelas negociações coletivas(108). Em ambos os casos abdicou-se de discutir a realização do sujeito no trabalho, enfocando-se sobretudo os aspectos relativos aos salários. Mesmo quando se enfatizou o sujeito, foi apenas por meio da análise de sua saúde e segurança sob um ponto de vista externo, como, por exemplo, nos aspectos relativos aos acidentes de trabalho. Qualquer tentativa de se descer à esfera da subjetividade era vista como "individualismo subjetivista".

Longe de se querer afastar a importância das reivindicações pecuniárias ou acidentárias, o fato é que os departamentos de recursos humanos, com suas novas práticas de gestão, parecem ter percebido tais anseios com antecedência em relação às organizações coletivas dos trabalhadores. O trabalho em grupo representa a formulação dessa percepção nos moldes adequados à reprodução do sistema produtor de mercadorias. Nesse sentido, essa forma de trabalho, nas suas mais diversas variantes, pressupõe uma visão triunfalista e inexorável do metabolismo social capitalista. Tudo pode ser discutido, e é muito bom que o seja, desde que os signos que aparelham tal discussão sejam aqueles previamente dados pela gramática da corporação: colaboração, harmonia, criatividade, envolvimento, comprometimento, participação, mobilização, proatividade. Outros signos, como por exemplo, conflito e classe social, devem ser eliminados de circulação até o dia, tão sonhado pelos capitalistas, em que se tornem verdadeiramente ininteligíveis.

A feição corporativa (com toda a conotação antidemocrática e antiliberal que esta expressão pode ter) dessa forma de organização do trabalho é nítida. Traveste-se da metáfora do barco em que todos navegam juntos, desde o soldador do "chão de fábrica" até o presidente da matriz na Suécia, Alemanha ou França, sujeitos a semelhantes intempéries e aos mesmos riscos, atados como unha e carne à missão de sobreviver em um mercado competitivo. Ocorre que se o liberalismo não pode ultrapassar a porta das fábricas, ele pauta mais do que nunca a ação estratégica das multinacionais, inclusive as aqui estudadas. Quando a ideologia da comunidade harmônica entra em conflito com a lucratividade da empresa, ainda que com "resignação" e "tristeza", os operadores do capital precisam agir contra suas próprias "comunidades", "desligando" alguns, reduzindo os salários de outros ou simplesmente abandonando sua residência (como a DaimlerChrysler fez, em 2001, em Campo Largo/RMC). Mas não se pense que isso é feito por gosto. É preciso ter coragem para cortar as gorduras a fim de evitar o mal maior, afinal, uma derrota na competição internacional "eliminaria ainda mais empregos".

Porém, a articulação de um discurso único nem sempre se dá com sucesso. Em alguns casos, os próprios operários veem os limites da gestão participativa. É o que se

---

(108) Embora as negociações coletivas sejam juridicamente definidas como expressão da autonomia coletiva, através de uma abordagem sociológica que leve em conta o déficit de representatividade das organizações sindicais, pode-se considerá-las como heterônomas.

apreende neste depoimento de uma operária sobre o funcionamento da reunião diária do time de trabalho, realizada durante 5 (cinco) minutos, logo após o intervalo da refeição.

> *De forma meio indireta acho que todo mundo participa. É pra participar, só que é muito centrado em produzir, produzir, e acabam esquecendo [a participação]. A própria chefia mesmo acaba esquecendo estes detalhes. [...] Na teoria existe, mas na prática eu quase não vejo. Pra ser bem sincera, é esquecido tudo. É só... É igual eu falo. Funcionário quer dia quinze e dia trinta. E a empresa quer produção. No final acaba nisso*[(109)].

A heteronomia e o caráter abstrato do trabalho prestado não foram, portanto, afastados. A subjetividade valorada através do comprometimento, da criatividade e da busca da inovação contínua só é apreendida quando pode ser quantificada e transformada em valor de troca. Seu valor, longe de representar uma liberação das singularidades humanas expressas em trabalhos concretos, é sujeito a uma norma heterônoma decidida longe dos grupos de trabalho: a norma da produtividade. Nesse sentido, se há uma supressão, ainda que relativa, das hierarquias e do comando no processo de trabalho, isso de forma alguma representa autêntica autonomia. O pressuposto de tal operação reside na capacidade de transformar a coerção em autocontrole, o que não elimina o *estranhamento*.

Muda-se, portanto, a própria forma de ser da subordinação, que passa a contar cada vez mais com o *self-management* de cada operário ou, no novo léxico, colaborador. As técnicas e os fatores que impulsionam essa mutação são diversos, podendo-se incluir desde coações tradicionais relacionadas ao amplo exército industrial de reserva, até avanços tecnológicos mais recentes ligados à microeletrônica, que possibilitam novas formas de controle. Porém, a ênfase maior deste trabalho será relacionada a um aspecto específico: a mudança no rígido padrão de remuneração fordista com a recente regulação de uma forma mais flexível de pagamento, ligada principalmente ao cumprimento de metas por parte dos trabalhadores. Embora não seja a única, esta parece ser uma forma importante de se modificar a feição da subordinação. Tem-se, assim, menos ordem e mais engajamento.

Os próximos capítulos tratarão, portanto, da Participação nos Lucros ou Resultados, forma flexível de pagamento dos trabalhadores. Buscar-se-á analisar, em um primeiro momento (Capítulo II), seu histórico, configuração e contexto de inserção no quadro jurídico brasileiro. Já no Capítulo III, estudar-se-á a especificidade da implantação desse mecanismo no parque automotivo da RMC, analisando-se os acordos coletivos das montadoras e as relações dessa forma de remuneração com as formas de gestão do trabalho vigentes nessas empresas, enfatizando-se os aspetos subjetivos relativos à implantação da PLR.

---

(109) Entrevista realizada por Alessandro Ezequiel da Paixão com operário da Audi-Volks em 7.9.04.

# Capítulo II

# O Renascimento de um Tema Morto: O Neoliberalismo e a Participação nos Lucros ou Resultados

## *1. SALÁRIO E SUBORDINAÇÃO*

As facetas da subordinação são diversas. A naturalidade com que as relações de mando e obediência devem se apresentar nas sociedades capitalistas faz com que o direito pouco se preocupe em indagar sobre as razões que explicam essa polarização. Tais questionamentos, para um ponto de vista dogmático tradicional, não teriam qualquer pertinência para o conhecimento jurídico. Seriam temas de "áreas afins", como a sociologia, a filosofia, a antropologia, a história, a psicologia, etc., que pouco poderiam contribuir para com a ciência do direito, cujo objeto seria a normatividade posta. Não se parte aqui desta premissa. Considera-se que o direito pode compreender melhor suas categorias questionando-as inclusive a partir de outros referenciais. Isso porque

> *o fenômeno jurídico não existe de modo algum em estado puro. Ele sofre as mais diversas influências das inúmeras dimensões do espaço-tempo social, onde surge e se modifica. Por isso, a ciência do direito, para compreendê-lo na inteireza relacional de sua existência concreta, não pode prescindir de um enfoque eminentemente interdisciplinar*[(1)].

(1) RAMALHO, Agostinho. *A ciência do direito*: objeto, conceito e método. 2. ed. Rio de Janeiro: Renovar, 2001. p. 129.

Neste sentido, é necessária a compreensão da complexidade dos fatores que ensejam a subordinação do trabalho ao capital e o respectivo poder de direção deste sobre aquele. Longe de ser unívoco, trata-se de um processo dinâmico e multifacetado, mas que será aqui abordado com um recorte específico, que relaciona subordinação e salário.

Trata-se de um processo histórico concreto, com gradações variadas conforme a formação nacional, que redundou na dissociação entre trabalho e propriedade. Na Inglaterra sua dinâmica se deu através das *enclosures*, o cercamento e expropriação das terras dos camponeses para a criação de ovelhas com intuito de produção de lã. Possibilitou-se assim a acumulação primitiva, ou seja, a pré-condição da economia capitalista, capaz de "libertar" — a ferro e sangue — uma grande horda de camponeses e garantir os primeiros soldos para os empreendimentos do capital. É a partir daí que se erigem os alicerces de um novo encontro, um novo face a face. Põem-se frente a frente como seres livres aqueles que nada têm a não ser sua capacidade de trabalho e os detentores dos meios de produção. O proletário agora é *persona*. Liberto, mas sem meios de garantir a vida a não ser que contrate como igual a sua própria sujeição, ganha assim, sob forma de salário, os meios de viver, sob a condição de durante grande parte de sua vida não *ser para si*, mas *ser para outrem*. Os produtos sensíveis de sua atividade não têm qualquer relação com suas necessidades. Servem somente enquanto valor de troca para aquele que compra o seu trabalho e como meio de subsistência para si através do recebimento de um salário.

O salário não pode ser senão o aspecto central da coação capitalista, pois é ele que em última instância garante o direito à reprodução da capacidade de trabalho e, portanto, à vida, quando todos os outros meios já foram expropriados. Apesar disso, deve-se considerar que seus efeitos mais sedutores estavam longe de se consolidar nos primórdios da Revolução Industrial (durante muito tempo ainda era preferível trabalhar menos a ganhar mais, o que tornava pouco úteis as formas promocionais de salário, apoiadas na ganância individual. Mais efetivo contra a indolência era a disciplina de guerra aplicada nas manufaturas e o combate do Estado à vadiagem).

A coação exercida pela remuneração na sociedade capitalista possui diversas nuanças. Uma delas diz respeito ao próprio caráter não plenamente mensurável da oferta da mercadoria trabalho. A capacidade de trabalho, apesar de tentativas em contrário, tem uma oferta diferenciada em relação a outras mercadorias. É que a reprodução humana não foi ainda totalmente planificada de acordo com a demanda capitalista. A oferta de trabalho é geralmente maior que a sua demanda, gerando o que *Marx* denominava "exército industrial de reserva", termo que atualmente perde parte de sua significação devido ao grande contingente que se encontra irremediavelmente para além da reserva: os expulsos da sociedade do trabalho e que a ela dificilmente voltarão. Degredados. Tal situação acrescenta um novo componente à disciplina dos que estão inseridos no mercado de trabalho. A ordem muda, que não precisa ser expressa, que paira sobre todos sem que se precise dizê-la — embora certas vezes seja necessário enunciá-la como alerta — é: Seja produtivo e consciencioso, aproveite bem esse privilégio que tens de trabalhar e ganhar! Neste caso, o próprio excesso de oferta de trabalho passa a ser dos mais valiosos instrumentos de poder.

No entanto, a própria forma tal como é gerida a remuneração numa organização industrial pode ser uma das fontes de subordinação. Neste caso, a adequação da capacidade de trabalho aos fins almejados pelo empregador estaria menos ligada ao controle direto da prestação de trabalho, através dos expedientes hierárquicos de vigilância, do que a determinadas formas promocionais ou coercitivas de gestão da remuneração. O empregador utiliza seu poder de organização dos fatores de produção com fins específicos, de acordo com determinadas fórmulas de pagamento dos salários. É sobre algumas dessas formas que se propõe a falar brevemente.

## 1.1. *Salário por unidade de tempo*

Em termos genéricos pode-se dizer que o salário por tempo é aquele em que o pagamento do salário tem como base de cálculo um determinado lapso temporal (hora, dia, semana, mês) em que o trabalhador disponibiliza sua capacidade de trabalho ao empregador. Paga-se a partir da disponibilidade temporal, que pode ser calculada através da jornada diária, da duração semanal ou mensal do trabalho. Pouco importa se durante esse tempo realmente houve prestação de trabalho. Como dito em outra ocasião, mesmo que o único interesse do empregador seja deixar seus empregados indisponíveis à contratação pela concorrência, haverá o pagamento pelo tempo em que se esteve de prontidão. Incluem-se nesta forma de pagamento, de acordo com a CLT, alguns lapsos temporais considerados como integrantes da jornada legal. É o que ocorre, por exemplo, no caso das horas itinerantes (tempo despendido de deslocamento ao trabalho), que devem ser computadas como horas de trabalho nas situações em que se trata de local de difícil acesso ou não servido por transporte público, porém somente quando é o empregador quem fornece o meio de locomoção (CLT, art. 58, § 2º). Dá-se também nos serviços de datilografia, escrituração ou cálculo, em que a cada 90 (noventa) minutos de trabalho deve haver um intervalo de dez minutos, período este não deduzido da jornada normal de trabalho, etc. Há, no entanto, um prazo máximo em que se é permitida a contabilização dessa modalidade salarial, que no ordenamento brasileiro é de 1 (um) mês, salvo nos casos de algumas verbas salariais especificadas (as percentagens, gratificações e comissões), que podem ser pagas em intervalos superiores (CLT, art. 459).

Essa modalidade de pactuação salarial não será um instrumento privilegiado na estratégia de subordinação do trabalho ao capital. Por óbvio que, em última instância, qualquer forma de cômpito dos salários tem, nas sociedades capitalistas, uma função coercitiva fundamental, fato que decorre da própria dissociação entre capital e trabalho. Porém, nessa modalidade de salário o engajamento do trabalhador, no sentido de busca de máxima produtividade, não irá se dar em função das artimanhas do modelo salarial. Outros fatores intervirão com maior relevância no controle e na eficácia do trabalho. Entre eles, podem ser citadas as técnicas disciplinares de esquadrinhamento dos corpos, que buscam fixar como regra os movimentos considerados mais produtivos, e como anomalias, todos os que se desviem de determinado padrão preestabelecido; operação que foi levada ao extremo pela administração científica de *Taylor*, com seus expedientes de amestramento dos operários. Neste caso, privar os trabalhadores de qualquer esfera de decisão sobre o conteúdo de seu trabalho e vigiar de forma constante a produção através de prepostos especificamente designados para tal função, é considerado o melhor método de se obter incrementos de produtividade em escala.

Outra fonte de subordinação está na própria maquinaria, que produz o que *Marx* denomina "subsunção real do trabalho vivo". Na manufatura, embora a organização do trabalho social faça do trabalhador uma mediação do processo de valorização do capital, este ainda tem algum tipo de controle sobre o processo produtivo. Com a ferramenta manual é o trabalho vivo que emprega "cérebro, nervos e músculos" sobre as coisas, dominando-as. Já na maquinaria isso não ocorre. Se na manufatura a ferramenta era apêndice dos membros humanos, com a maquinaria é o homem que passa a integrar sua engrenagem. "Na maquinaria, o trabalho objetivado enfrenta materialmente o trabalho vivo como Poder que o domina e como subsunção ativa do segundo sob o primeiro, não pela apropriação do trabalho vivo, mas no próprio processo real de produção."(2) Nestes termos, o avanço técnico originário da indústria moderna, longe de poder ser considerado sob a ótica de neutralidade científica, deve ser visto como integrante de determinadas relações sociais que, no caso citado, não são senão relações de domínio e exploração. A subordinação consolida-se quando órgãos vitais e engrenagens confluem em uma mesma cadência.

Ainda que o salário por unidade de tempo não traga em si mecanismos de impulso à produtividade do trabalho, ele é perfeitamente compatível com outras formas de estruturação da remuneração que levam em conta o desempenho. Uma delas é a Participação nos Lucros ou Resultados, que será discutida pormenorizadamente ainda neste capítulo. Porém há ainda outras situações. Cita-se, abaixo, a mais comum.

Esta hipótese está relacionada aos planos de cargos e salários e às possibilidades de promoção na carreira. Neste caso, ainda que o salário seja computado por tempo, outros critérios como antiguidade e merecimento funcionam como mecanismos de ascensão profissional internamente à empresa. Dessa forma, ao menos em tese, quanto maiores forem essas possibilidades, maior será o engajamento dos trabalhadores no sentido de cumprir os requisitos necessários à ascensão, bem como a fidelidade à empresa. *Coriat* reconhece nos mercados internos um dos verdadeiros pilares do modelo de trabalho e organização japoneses. As possibilidades reais de que os postos de nível superior das grandes empresas nipônicas fossem preenchidos pelo pessoal interno (e não somente pelos *white colors,* como é comum nos países ocidentais) teriam conferido estabilidade e adesão por parte dos trabalhadores às relações industriais daquele país(3). No entanto, é possível que sob o ponto de vista do capital, esta forma de "premiação" nem sempre seja a mais adequada. *Zylberstajn* aponta claramente uma das deficiências desse sistema. Para ele, "quando a promoção é um prêmio disputado por muitos, funciona bem para induzir a mais esforço dos concorrentes. Quando, porém, a promoção é distribuída entre os concorrentes e se torna previsível deixa de estimular o desempenho"(4). Ou seja, quando o sistema se torna meramente rotativo é certo que sua função de cooptação resta prejudicada.

---

(2) MARX, Karl. Grundrisse der Kritik der politischen Ökonomie (Rohentwurf) 1857-1858, del Marx-Engels-Lenin Institut de Moscú, Berlín, Dietz Verlag, 1974, tercera edición, *apud* DUSSEL, Enrique. *Metodologia para uma ética da libertação:* superação analética da dialética hegeliana. São Paulo: Edições Loyola, 1986. p. 271.

(3) CORIAT, *op. cit.*, p. 97-104.

(4) ZYLBERSTAJN, Hélio. A PLR e o mercado de capitais. In: CHAHAD, José Paulo Zeetano; PICCHETTI, Paulo (Orgs.). *Mercado de Trabalho no Brasil:* padrões de comportamento e transformações institucionais. São Paulo: LTr, 2003. p. 453.

### 1.2. *Salário por unidade de obra*

O salário por unidade de obra é aquele em que se paga pela produtividade, ou seja, pelo número de peças produzidas ou, por exemplo, pelo número de vendas realizadas. É atribuído um valor determinado às peças produzidas. O salário será resultante da multiplicação do número de peças pelo valor estipulado para cada uma delas. No caso das comissões, estabelecem-se percentuais fixos ou variáveis sobre o valor das vendas, ou, ainda, estipula-se um valor fixo a ser pago independentemente do valor da venda. O salário é o resultado do percentual ou do valor fixo aplicado sobre as vendas multiplicado pelo número de vendas.

Esta modalidade de pagamento é aplicada principalmente nas situações em que o trabalho não é realizado no próprio empreendimento do empregador. Por exemplo, nos casos de trabalho externo ou trabalho em domicílio que, segundo a CLT, se subordinados, não deixam de constituir relação de emprego (CLT, art. 6º). Em tais situações, se as atividades forem incompatíveis com o controle de jornada, não serão aplicáveis os dispositivos do Capítulo II da CLT (Da duração do trabalho — CLT, art. 62, I). No entanto, embora essa seja uma tendência, não há qualquer vedação à aplicação do pagamento por unidade de obra nas situações em que o trabalho é exercido internamente ao estabelecimento industrial ou comercial. Porém, nestas hipóteses, não estarão derrogados os itens referentes à duração de jornada, jornada extraordinária, períodos de descanso, etc.

Há ainda algumas proteções que visam amenizar o risco que essa forma salarial impõe sobre os trabalhadores. A Constituição Federal garante a percepção de "salário, nunca inferior ao mínimo, para os que percebem remuneração variável" (CF, art. 7º, VII). Já a CLT inclui, entre as situações de rescisão indireta, a redução realizada pelo empregador do trabalho por peça ou tarefa que afete sensivelmente a importância dos salários (CLT, art. 583, g).

Quanto ao aspecto econômico, é correta a constatação de que o salário por unidade de obra não passa de uma variante fenomênica do salário por unidade de tempo. A impressão de que o capitalista, nesta modalidade contratual, não compra o direito de uso da capacidade de trabalho, mas, sim, o trabalho já materializado no produto, não é senão uma ilusão de ótica. *Marx* já atentava para o fato de que indústrias do mesmo ramo de atividade, com salários por peça e por tempo, pagavam em média quantias similares, o que certamente não se devia à mera coincidência. Não por acaso, em diversas indústrias em que o trabalho era pago por peça, como, por exemplo, nas alfaiatarias, os trabalhadores costumavam chamar as peças pelos codinomes 1h (uma hora), ½ (meia hora), etc. Com a experiência, tanto os trabalhadores como os patrões aprendiam qual era o tempo médio gasto para a consecução de uma determinada peça. Os operários que estivessem abaixo da taxa de destreza média eram despedidos.

A ideia de que o aumento da produtividade no trabalho por peça representará um aumento dos ganhos dos trabalhadores é outra ficção. Embora individualmente, para os mais aptos, isso possa ser durante um breve período de tempo verdadeiro, em termos gerais não passa de uma grande farsa. Se a produtividade dobra, diminui-se ao meio o tempo de trabalho para a produção de uma peça, consequentemente, reduz-se pela metade o preço a ser pago(5). "O salário por peça é rebaixado na mesma proporção em

---

(5) MARX, *O capital*, p. 637-645.

que aumenta o número de peças a ser produzido no mesmo tempo"[6]. *Taylor* também percebeu essa artimanha e, por isso, condenava o trabalho por peça. Segundo ele, à medida que o sindicato se atinava para a relação entre o aumento de produtividade e decréscimo do valor das peças ele passava a pregar a indolência entre os trabalhadores, fato que seu amestramento poderia evitar com muito mais êxito do que aquela técnica remuneratória. Afinal, a preguiça, para não ser prontamente percebida e retaliada pela gerência, precisa ser fruto de um conhecimento e experiência que os patrões não possuem. Justamente neste ponto que a *administração científica* intervém, tentando tornar inviável qualquer espaço de saber autônomo. Missão essa inalcançável, como demonstram os estudos de *Dejours*[7] mas nem por isso menos temerária.

O salário por peças possui uma série de incongruências, tanto do ponto de vista do capital quanto dos trabalhadores e, por isso, pode ser um grande foco de conflitos. Para os trabalhadores é certamente a pior modalidade de salário, que remonta ao trabalho em domicílio do período pré-industrial. Infelizmente, essa espécie salarial vem crescendo atualmente devido aos processos de externalização da produção, conjugados ao desenvolvimento da microeletrônica. Esta última viabiliza novas formas de labor em domicílio com possibilidades de monitoramento e controle inéditas. Já para o capital são diversos os fatores contabilizados.

Deve haver uma viabilidade técnica. O salário por peças é facilmente aplicável em atividades em que uma só pessoa é responsável pela elaboração ou montagem de todo o produto. Deve ser factível a individualização da produção. Certamente, tal opção é muito mais viável no trabalho de costureiras que entregam uma determinada peça de vestuário acabada, do que em uma linha de montagem em que cada trabalhador realiza uma operação parcial.

Deve ser fácil e barata a realização de um controle sobre a qualidade do produto. Por óbvio, essa modalidade é constantemente utilizada pelos capitalistas para repassar aos trabalhadores a responsabilidade sobre todos os tipos de defeitos que porventura existirem nas peças; dá ensejo, portanto, a uma série de descontos. Mas o custo dessa verificação, para que haja proveito, deve ser menor do que os descontos salariais realizados pelos capitalistas. Essa diferença deverá ser considerável para que valha o preço da insatisfação gerada por tais deduções.

O *stress* gerado pela assunção dos riscos pelos trabalhadores deve ser produtivo. Sabe-se que uma das fontes do aumento da produtividade do trabalho é o gerenciamento do *stress*. As pessoas em estado de iminente perigo podem dar mostras de versatilidade, criatividade e força realmente surpreendentes. O problema é que nunca se pode prever exatamente quando essa situação de euforia irá se transformar em pane ou mesmo em revolta. É esse o cálculo, nem sempre aritmético, que o capitalista deve realizar.

Para o trabalho os incovenientes não são menores, obviamente. O salário por unidade de obra "influi no sentido de desenvolver, de um lado, a individualidade dos trabalhadores — e, com ela, o sentimento de liberdade, a independência e o autocontrole — e, do outro, a concorrência e a emulação entre eles"[8], contribui para criar uma ideia

(6) *Idem*, p. 644.

(7) DEJOURS, *op.cit.*, p. 56.

(8) MARX, *O capital*, p. 642.

de que o salário diz respeito às competências individuais, enfraquecendo assim a noção de solidariedade de classe e, consequentemente, as formas de ação coletiva(9). Além disso, os riscos inerentes à atividade empresarial são em grande medida repassados para os trabalhadores. Isso ocorre com as reduções de demanda que implicam diminuição dos salários e responsabilização do trabalhador pela qualidade do produto.

### 1.3. *Participação nos Lucros ou Resultados: uma primeira aproximação*

Os mecanismos de participação dos trabalhadores nos lucros ou nos resultados das empresas mesclam técnicas referentes às duas modalidades salariais analisadas acima. É claro que, conforme a definição da Constituição Brasileira (art. 7º, XI), as parcelas da PLR são consideradas desvinculadas da remuneração e, consequentemente, não integram o salário(10). Porém, quando se vê a questão sob o aspecto da propulsão de formas reais de subordinação do trabalho ao capital, a diferença da natureza jurídica não impede comparações.

No salário por unidade de tempo o pagamento não possui qualquer relação direta com o desempenho da empresa ou do trabalhador, devendo este ser impulsionado através de outros mecanismos, como, por exemplo, o reforço do poder diretivo. No salário por unidade de obra a produtividade individual é impulsionada, em certa medida, pela própria estratégia remuneratória. Já na PLR parece haver um misto das duas situações.

Tanto na Participação nos Lucros, em que o objeto a ser repartido entre os trabalhadores é um percentual do lucro da empresa, mas com mais evidência na Participação nos Resultados, em que são pagas determinadas quantias de acordo com o alcance de certas metas (produtividade, assiduidade, qualidade, etc.), há uma preocupação em relacionar o pagamento com o desempenho. No primeiro caso (PL), desempenho da empresa e, no segundo, desempenho dos trabalhadores, contabilizado coletiva ou individualmente. Apesar disso, em ambos os casos, esses programas são conjugados a sistemas de salário por tempo de trabalho. Busca-se compatibilizar o salário por unidade de tempo com promoções e coações típicas do salário por peça, transformando-se assim o próprio feitio da subordinação.

Antes de se discutir os pormenores relativos à Participação nos Lucros ou Resultados (as definições, as controvérsias em torno do tema, as diversas modalidades de implantação, a regulamentação no direito pátrio, etc.), pretende-se fixar a direção a ser dada a tais discussões. Isto para que se saiba exatamente sob que prisma se dá o interesse pelo tema e, portanto, quais os aspectos que deverão ser analisados e quais os que serão desconsiderados.

O foco central está na relação entre PLR, subordinação e subjetividade. Ou seja, indaga-se como os mecanismos promocionais institucionalizados pela PLR podem vir a transformar a forma de exercício e a distribuição do poder dentro das organizações

(9) Há, porém, situações em que os conflitos em torno do preço da peça podem estimular ações coletivas dos trabalhadores. É que às vezes o "trabalhador toma a sério a aparência do salário por peça, acreditando que lhe pagam o que produziu e não sua força de trabalho, e por isso se opõe a uma redução salarial que não corresponde à redução do preço da mercadoria". (MARX, *O capital*, p. 645)

(10) A natureza jurídica da PLR será discutida de forma pormenorizada à frente.

produtivas e, também, como essas mudanças podem redundar em transformações no âmbito da subjetividade dos trabalhadores. Trata-se de verificar até que ponto os mecanismos tradicionais de subordinação típicos do taylorismo-fordismo vêm sendo substituídos por expedientes que preferem a motivação, o autocontrole e o envolvimento na consecução de resultados às estruturas hierárquicas disciplinadoras, bem como qual a interação do direito com essas mudanças.

Este é o intuito final da análise da PLR, ou seja, compreender como e em que medida ela se relaciona com uma mudança na forma de subordinação do trabalho ao capital, e quais os impactos subjetivos dessa mudança. Para isto, optou-se por realizar no Capítulo 3 um estudo de caso, analisando-se a pactuação da PLR nas montadoras de automóveis da Região Metropolitana de Curitiba. Porém, para que tal intuito se cumpra com clareza é importante a compreensão das diversas dimensões que envolvem tal temática. É isto o que se pretende fazer na sequência deste capítulo.

## 2. *A PARTICIPAÇÃO NOS LUCROS NO DIREITO BRASILEIRO*

### 2.1. *Histórico da Participação nos Lucros no Brasil*

Os projetos de lei brasileiros referentes à Participação nos Lucros foram dezenas ao longo do século XX. Segundo *Sarazate*, o primeiro destes projetos é o de Deodato Maia, de 1919[(11)]. Porém, desse período até 1994 (data da edição da primeira Medida Provisória versando sobre o tema, no governo Itamar Franco), muitas foram as tentativas legislativas de aprovação de leis sobre o tema, todas, entretanto, infrutíferas[(12)].

A CLT, embora não regule a participação, possui em seus dispositivos referências esparsas à mesma. Já na sua redação originária postulava que "não haverá distinção entre empregados e interessados[(13)], e a participação nos lucros ou comissões, salvo em lucros de caráter social, não exclui o participante do regime desse Capítulo [Da Duração do Trabalho]" (art. 63). Portanto, embora não houvesse lei alguma disciplinando o tema, a Consolidação já deixava implícita a eventualidade de sua introdução via negociação coletiva, ou mesmo de forma voluntária e unilateral por parte dos empregadores. Tal artigo visava, portanto, precaver-se da possibilidade de que a inclusão dos empregados em programas de participação se tornasse óbice à aplicação da legislação trabalhista. Trata-se de afirmar que a participação em percentual dos lucros não muda o caráter do contrato de trabalho, ou seja, não o transforma em contrato societário.

O art. 621 da CLT, com redação dada pelo Decreto-Lei n. 229, de 28.2.67, prevê expressamente a possibilidade de os acordos e convenções disporem em suas cláusulas sobre a Participação nos Lucros, fixando um plano para a sua consecução. Há ainda uma

(11) SARAZATE, Paulo. *Participação nos lucros e na vida das empresas.* Rio de Janeiro: Livraria Freitas Bastos. 1968. p. 115.

(12) Gonzalez cita 57 projetos de lei sobre o tema (GONZALEZ, Ismael. *Participação dos empregados nos lucros ou resultados como meio de sua integração na empresa.* São Paulo, 1999. 319 p. Tese (Doutorado em Direito) — USP, p. 175).

(13) Esta expressão tem sua origem no direito francês, onde se denomina uma das modalidades de participação nos lucros como *interéssement.*

última referência, prevista no art. 193, § 1º (redação dada pela Lei n. 6.514 de 1977), que retira os valores pagos a título de Participação nos Lucros da base de incidência do adicional de periculosidade.

A Participação nos Lucros adentra no ordenamento constitucional brasileiro com a Constituição de 1946. Esta carta instituiu a "participação obrigatória e direta do trabalhador nos lucros das empresas, nos termos e na forma que a lei determinar" (CF de 1946, art. 157, IV). Tal norma constitucional nunca veio a ser realmente aplicada. A necessidade de lei ordinária que a regulamentasse a tornava norma de eficácia limitada, e a não superveniência da referida lei inviabilizou a aplicação do preceito constitucional. Apesar disso, do próprio texto magno pode-se depreender alguns indícios de certas características da participação que deveriam estar presentes em eventual lei sobre o tema. *Pontes de Miranda* indica algumas dessas características:

> *A participação tem de obedecer: a) à exigência de ser obrigatória, e não facultativa; b) à exigência de ser direta; c) ao princípio de igualdade perante a lei ou isonomia (art. 141, § 1º) (...); d) ao princípio da substantividade da participação, isto é, não ser dependente de votos dos empregadores ou acionistas. A participação pode ser proporcional ao salário, ou conforme a produção do trabalhador, ou conforme os anos de serviço, ou variável conforme a frequência do trabalhador*[14].

A Constituição de 1967 assegurava a "integração do trabalhador na vida e no desenvolvimento da empresa, com a participação nos lucros e, excepcionalmente, na gestão, nos casos e condições que forem estabelecidos" (CF de 1967, art. 158, V). A supressão da referência à participação direta e obrigatória deixava uma maior margem de manobra para o legislador ordinário. Na participação direta, o lucro deve ir direto da empresa ao empregado, sendo que as modalidades para tal repasse podem ser as mais diversas (dinheiro, ações, cotas em fundos de investimento, etc.). Já na participação indireta, o pagamento é feito através de serviços coletivos, tais como refeitórios, colônia de férias, grêmio e moradias populares[15]. A supressão do termo "obrigatória" abria a possibilidade de que uma possível lei sobre o tema considerasse a participação facultativa.

Inclui-se, ainda, na Carta Magna referência à "integração do trabalhador na vida e desenvolvimento da empresa", disposição esta que tem efeito meramente programático e aponta para os objetivos de concertação social almejados pelo legislador. Além disso, acrescenta-se no mesmo dispositivo o direito excepcional de Participação na Gestão. Tal direito não se confunde com a Participação nos Lucros e refere-se a situações em que há "um cogoverno, uma direção partilhada [da empresa], cuja extensão e alcances dependem dos sistemas adotados"[16]. Não houve também regulação infraconstitucional deste item.

---

(14) MIRANDA, Pontes. *Comentários à Constituição de 1946*. Rio de Janeiro: Henrique Cahen Editor, Tomo IV. p. 54.

(15) GONZALEZ, *op. cit.*, p. 83.

(16) SIQUEIRA NETO, José Francisco. *Liberdade sindical e representação dos trabalhadores nos locais de Trabalho*. São Paulo: LTr, 1999. p. 175.

Já a Emenda Constitucional n. 1, de 1969, manteve a redação da Constituição de 1967, substituindo apenas o trecho final do inciso. Ao invés de "nos casos e condições que forem estabelecidos", a nova redação emprega a expressão "segundo for estabelecido em lei" (EC n. 1, art. 165, V). Modificação esta sem maiores efeitos, já que a aplicabilidade do texto continuava limitada.

Difícil é compreender os motivos para o insucesso da Participação nos Lucros, tanto no que diz respeito à não aprovação de lei ordinária sobre o tema, quanto no que se refere aos escassos exemplos de negociação coletiva com disposições sobre o assunto. Para tanto, seria necessária uma reconstrução histórica muito mais abrangente do que a simples alusão a referências legislativas. Seria preciso compreender como diferentes atores sociais se comportaram diante da questão. Tal tarefa, no entanto, supera em muito as possibilidades deste trabalho. Ainda assim, parece instrutivo apresentar algumas hipóteses.

Apesar de o conjunto de projetos sobre o tema e também as diversas previsões constitucionais terem sempre como escopo, ainda que implícito, a concertação social e a conciliação dos interesses entre capital e trabalho, e ainda que as diversas exposições de motivos abordem a participação como uma forma de maior integração e comprometimento do trabalhador para com a empresa, e, portanto, como forma de incrementar a produtividade, nem sempre esses argumentos foram convincentes para o empresariado. O receio de qualquer imisção dos empregados em aspectos referentes à administração das empresas, de intromissão no cálculo dos balanços e de redução do resultado econômico dos sócios e proprietários, era motivo suficiente para que a classe capitalista visse com desconfiança a participação. Ademais, fator amedrontador era a característica obrigatória da participação, presente na maioria dos projetos, inclusive na previsão da Constituição de 1946.

Contrário à solução obrigatória disposta na Carta de 1946, *Batalha* parece enunciar, embora com refinamento jurídico, parte desse receio que assolava o empresariado. Os argumentos de suas críticas à participação são os mais diversos: relaciona o direito ao lucro à assunção de riscos, algo que estaria ausente no trabalho subordinado; aponta para os perigos no que diz respeito à intromissão na gestão e nos segredos contábeis das empresas; alerta sobre os riscos de diminuição dos investimentos e, portanto, de estagnação econômica, e sobre os possíveis surtos inflacionários decorrentes do aumento de demanda; indica a necessidade de as empresas compensarem as perdas com a participação e nega que a medida possa ter como efeito a redução das greves(17). Enfim, o autor postula que,

> *A imposição da medida como solução obrigatória, num país sem largas experiências de participação nos lucros, acarretará uma série de problemas intermináveis e representará diminutas vantagens aos trabalhadores, pouco afeitos à economia. Seria mais oportuno adotar a medida com caráter de facultatividade, a título experimental, incentivando-se a sua adoção mercê de favores fiscais ou preferência, em igualdade de condições, nas concorrências públicas*(18).

---

(17) BATALHA, Wilson de Souza Campos. *Direito do Trabalho e Participação nos Lucros*. São Paulo: Max Limonad, 1954. p. 65-68.

(18)*Ibidem*, p. 71.

Além disso, até a Constituição de 1988, grande parte da doutrina e jurisprudência considerava que a Participação nos Lucros integrava o salário e, portanto, revestia-se do princípio da habitualidade, não podendo ser suprimida. Produzia os devidos reflexos para pagamento de férias, décimo terceiro salário, depósitos do FGTS, descontos previdenciários, aviso prévio, etc. O tratamento dado à participação seria o mesmo dado às comissões, percentagens e gratificações ajustadas, tal qual prevê o art. 457, § 1º, e a sistemática da CLT. Essa era a posição de diversos doutrinadores trabalhistas, entre eles: *Délio Maranhão*, *Arnaldo Süssekind*, *José Martins Catharino*, etc. Tal também foi a posição consolidada no Enunciado n. 251 do TST, aprovado pela Resolução n. 17/85, segundo o qual "a parcela de participação nos lucros da empresa, habitualmente paga, tem natureza salarial, para todos os efeitos legais".

Tal posição não trazia nenhum incentivo capaz de fazer com que os empresários, por livre e espontânea vontade, se empenhassem na implementação da Participação nos Lucros. Outros expedientes, tais como os prêmios, gratificações, comissões, os planos de carreira, etc., poderiam contribuir para a integração do trabalhador à vida da empresa sem os riscos da participação.

Por parte dos trabalhadores, parece não ter havido grande entusiasmo com a matéria. Isso por diversas razões. Primeiro, porque em grande parte do período em que o tema ficou pendente de regulação infraconstitucional o país esteve submetido a um regime ditatorial, o que impedia que as organizações dos trabalhadores tivessem um papel ativo na vida política. Em segundo lugar, porque mesmo nos períodos democráticos a reivindicação mais premente era a de reajustes salariais. Por último, deve-se considerar a concepção presente em alguns setores da esquerda que veem como um contrassenso a própria ideia de Participação nos Lucros. Ela ocultaria o conteúdo expropriatório inerente à noção de lucro e desviaria os anseios de apropriação coletiva dos meios de produção para uma concepção segundo a qual os fatores capital e trabalho são complementares e devem articular-se de forma integrada e harmônica.

### 2.2. *A Constituição da República de 1988*

A Constituição de 1988 inovou ao tratar do tema da participação. Incluiu, além da Participação nos Lucros, a Participação nos Resultados e desvinculou ambas da remuneração. Variadas foram as redações provisórias dadas ao dispositivo na Assembleia Nacional Constituinte. Na subcomissão dos Direitos dos Trabalhadores falava-se em "participação direta nos lucros ou no faturamento da empresa". Na Comissão de Ordem Social preceituava-se a "participação nos lucros, desvinculada da remuneração, conforme definido em lei ou em negociação coletiva". Na Comissão de Sistematização, o texto referia-se a "participação na gestão da empresa, conforme definido em lei ou em negociação coletiva". Por fim, previu-se "a participação nos lucros ou resultados, desvinculada da remuneração, e, excepcionalmente, na gestão da empresa, conforme definido em lei" (CF de 1988, art. 7º, XI)[(19)].

(19) MARTINS, Sérgio Pinto. *Participação dos empregados nos lucros das empresas*. São Paulo: Malheiros, 1996. p. 65.

A redação final mudou toda a forma pela qual o tema vinha sendo tratado pela doutrina e jurisprudência até então. Aquilo que era considerado parcela salarial e, portanto, habitual, passa a ter uma natureza não remuneratória. Trata-se de uma transformação flexibilizadora que visa aumentar o interesse do empresariado pela PLR. A partir de então ela se reveste de um atrativo especial para as empresas. As parcelas pagas a este título "não poderão ser computadas a) para complementar o salário devido ao empregado, b) na base de incidência dos depósitos do FGTS, das contribuições previdenciárias e de outros tributos cujo fato gerador seja a remuneração do empregado, c) no cálculo de adicionais, indenizações e outras prestações que incidem sobre a remuneração ou salário"(20).

Além desse aspecto crucial referente à natureza da participação, a Constituição inova ao fazer referência à Participação nos Resultados. A interpretação de tal termo gerou uma série de controvérsias que só vieram a ser dirimidas após a regulamentação por meio de medidas provisórias. *Martins*, por exemplo, possuía interpretação rebuscada sobre a questão, buscando o conceito de resultado na Lei das Sociedades Anônimas (Lei n. 6.404/76)(21), dizendo "ser o gênero, que engloba lucro e prejuízo como espécies"(22). Como seria inviável (de acordo com os princípios do Direito do Trabalho) a distribuição dos prejuízos, outra deveria ser a solução. A resposta então é que o termo visaria "estabelecer uma forma de participação do trabalhador no resultado positivo obtido por empresas que não tenham por objeto o lucro, como instituições de beneficência, associações recreativas, sindicatos hospitais, etc."(23). Esta, no entanto, não foi a solução dada pelas Medidas Provisórias acerca do tema e, posteriormente, pela Lei n. 10.101/2000. Na legislação ordinária, o resultado foi interpretado como "benefício condicionado à consecução de metas ou objetivos da empresa, tais como o aumento da produção, a assiduidade, a conquista do mercado, a qualidade do produto, etc."(24). Além disso, a Lei da PLR excluiu do direito à participação os empregados de entidades sem fins lucrativos, inserindo, entretanto, alguns requisitos cumulativos para que ocorra tal exoneração (art. 2º, § 3º, II, *a*, *b*, *c*, e *d*)(25).

---

(20) SÜSSEKIND, Arnaldo. *Curso de Direito do Trabalho*. Rio de Janeiro: Renovar, 2002. p. 437.

(21) A Lei n. 10.303/2001 alterou e acrescentou novos dispositivos à Lei n. 6.604/1976.

(22) MARTINS, *op. cit.*, p. 59.

(23) *Idem*, p. 62.

(24) GUIMARÃES, Lélia. Natureza Jurídica da Participação nos Lucros ou Resultados. In: SILVESTRE, Maria Rita; NASCIMENTO, Amauri Mascaro (Orgs.). *Os novos paradigmas do Direito do Trabalho*. São Paulo: Saraiva, 2001. p. 346.

(25) Estas entidades devem, cumulativamente: a) não distribuir resultados, a qualquer tipo, ainda que indiretamente, a dirigentes, administradores ou empresas vinculadas; b) aplicar integralmente os seus recursos no país; c) destinar o seu patrimônio à entidade congênere ou ao poder público, em caso de encerramento de suas atividades; d) manter escrituração contábil capaz de comprovar a observância dos demais requisitos deste inciso, e das normas fiscais, comerciais e de direito econômico que lhe sejam aplicáveis. Sobre isso, Martins argumenta que "tais entidades não têm lucros a serem partilhados, na medida em que o que recebem é investido para as finalidades estatutárias. Como não têm sócios nem mesmo administradores, dirigentes com direito à remuneração, e tampouco empresas vinculadas direta ou indiretamente, não podem repassar o diferencial entre despesas e receitas, pois esse diferencial está definitivamente vinculado à reimpressão dentro do país, havendo necessidade de manutenção de escrituração contábil que reflita a inexistência de lucros distribuídos ou partilhados". (MARTINS, Ives Gandra da Silva. As entidades sem fins lucrativos e a participação de empregados no lucro das empresas. *Revista do Tribunal Superior do Trabalho*, Rio de Janeiro, v. 65, p. 201-209, out./dez. 1999. p. 207)

Embora a Constituição buscasse tornar a participação atrativa ao capital, até a edição da MP n. 794, de 29 de dezembro de 1994, poucas foram as iniciativas de instituição da PLR. Isto por diversos motivos. Alguns ainda consideravam que a desvinculação da remuneração não era autoaplicável, criando-se certa insegurança em torno da questão. Tanto é assim, que o legislador ordinário incluiu a PLR como parte integrante do salário-de-contribuição na Lei de Custeio da Seguridade Social (Lei n. 8.221/91, art. 28, § 9º, *j*), o que demonstrava a existência de controvérsias. Além disso, havia ainda pouca ideia de como funcionariam os mecanismos de participação, algo que só começou a ser superado com a edição da MP sobre o tema. Por fim, deve-se atentar para a conjuntura específica em que foram editadas as primeiras MPs. Vários aspectos econômicos, políticos e sociais foram decisivos para que o tema passasse a ter relevo na agenda empresarial e sindical. São esses aspectos que se pretende discutir adiante.

## 2.3. *Contexto de regulamentação da PLR*

Como já dito, as experiências da PLR antes da MP n. 794/94 são restritas e concentram-se nas empresas estatais. O DIEESE, em caderno específico sobre o tema, relata poucos exemplos. No âmbito privado, refere-se a uma empresa que em 1981 firmou um Protocolo de Intenções com a introdução do assunto, outra que em 1987 incluiu a PL em seus estatutos, inclusive com participação acionária e, por fim, uma que em 1993 adotou um sistema de Participação nos Resultados Operacionais. Neste caso, "a direção estabelece, para cada divisão, metas específicas a serem alcançadas no prazo de um ano. Essa participação abrange todos os empregados e varia de 40% a 80% do salário nominal, conforme a avaliação do superior quanto ao empenho do empregado"(26).

Já nas empresas estatais a experiência é mais ampla: "o sistema de acompanhamento de Contratações Coletiva do DIEESE registra 23 acordos e dois dissídios de participação nos lucros ou resultados com empresas estatais, realizados no período de 1990/1994, portanto anteriores, à promulgação e à vigência da primeira medida provisória que regulamentou a PLR no Brasil"(27). As categorias profissionais envolvidas em tais acordos são: trabalhadores das indústrias de energia elétrica, das indústrias extrativas, bancários, indústrias químicas, farmacêuticas e do comércio atacadista de petróleo.

Porém, diversos aspectos referentes a mudanças econômicas nas relações de trabalho e na organização da produção, durante a década de 1990, fazem com que a PLR passe a ter especial relevância. É claro que a MP n. 794/94, editada ainda no governo Itamar Franco, foi crucial para que isto ocorresse, porém não se podem desconsiderar elementos mais abrangentes capazes de colocar a PLR na ordem do dia.

No Capítulo I, no item 2.3 (Autonomia e Transformações no Mundo do Trabalho), referiu-se, partindo da realidade europeia, ao que se denominou "crise do fordismo" ou "crise do compromisso social-democrata". Tratava-se de um processo amplo de transformações, com reflexos na organização da produção, na regulação das relações de trabalho e também na própria conformação do Estado. Neste momento, retorna-se a esta temática,

---

(26) DIEESE. *Um balanço da participação nos lucros e resultados das empresas (1996-1999)*. Pesquisa DIEESE, n. 16, janeiro de 2000. p. 14.

(27) *Idem*.

embora ressaltando todas as peculiaridades que dizem respeito à realidade nacional. Em primeiro lugar é preciso reiterar o caráter limitado do fordismo brasileiro, tanto no que diz respeito ao aspecto produtivo, como aos aspectos institucionais. No primeiro caso, deve-se ressaltar que as formas de organização produtiva no Brasil sempre foram extremamente heterogêneas, abrangendo inclusive uma diversidade de modos de produção. No segundo, basta um olhar de relance para os largos períodos ditatoriais para afastar possibilidade de um verdadeiro pacto entre classes sociais para gerir o Estado e o capital.

Apesar disso, o Brasil não ficou incólume a dois processos interconexos relacionados à tentativa de superação da crise capitalista dos anos de 1970 (ainda que os impactos mais largos destas políticas se tenham sentido com aproximadamente 20 anos de atraso): a ideologia política neoliberal e a reestruturação produtiva, com introdução de novos recursos tecnológicos e novas formas de gestão do trabalho. A difusão da PLR está relacionada a ambos os fenômenos, embora, inicialmente, mais ao primeiro.

Na década de 1990, com mais intensidade durante a presidência de Fernando Henrique Cardoso, mas iniciando-se já no governo Collor, o papel do Estado na regulação das relações sociais sofreu diversos ajustes estruturais. Tais mudanças dizem respeito à implantação no Brasil de uma série de políticas preceituadas pelo Consenso de Washington e que têm como referencial teórico a escola de economistas de Chicago. Entre os principais aspectos previstos em tal receituário estão: rígida disciplina fiscal; focalização dos gastos públicos em educação, saúde e infraestrutura; reforma tributária, principalmente como forma de reduzir os encargos sobre os maiores rendimentos; taxa de câmbio competitiva; liberalização do comércio exterior, com redução de alíquotas de importação e estímulos à exportação, visando impulsionar a globalização da economia; eliminação de restrições ao capital externo, permitindo investimento direto estrangeiro; privatização, com a venda de empresas estatais; desregulação, com redução do controle do processo econômico e das relações trabalhistas[(28)].

Em maior ou menor grau todos estes pontos fizeram parte dos esforços empreendidos pelo Estado brasileiro durante a década de 1990, sendo que o Plano Real teve um papel crucial nesta estratégia, criando, com a estabilização monetária, as bases para a implantação de diversas dessas políticas.

Poucos meses após a edição da MP n. 794, o governo Fernando Henrique Cardoso edita a MP n. 1.053, de 30 de junho de 1995[(29)]. Tal medida possui como escopo extinguir a política salarial, transferindo o arbitramento dos salários para a livrenegociação coletiva[(30)]. Extingue-se, portanto, um longo período de intervenção direta do Estado na formação dos salários, que remonta ao PAEG (Programa de Ação Econômica do Governo Castelo Branco) e que vigorara até então através de vasta legislação.

Um balanço dos quase trinta anos de políticas salariais, sob o ponto de vista da remuneração do trabalho, não deixa de apontar para certa dubiedade. Fora de dúvida que ela

(28) NEGRÃO, João José. *Para conhecer o neoliberalismo*. São Paulo: Publischer Brasil, 1998. p. 41-42.

(29) Tal MP, após sucessivas reedições e alterações, foi convertida na Lei n. 10.192 de 2001.

(30) MP n. 1.053 de 1995, art. 10 — Os salários e as demais condições referentes ao trabalho continuam a ser fixados e revistos, na respectiva data-base anual, por intermédio da livre negociação coletiva.

atuou por largo período como forma de arrocho salarial sobre a classe trabalhadora. Esta certamente foi a característica mais notável, por exemplo, do plano de Castelo Branco(31). A Lei n. 4.725 de 1965, em seu preâmbulo, tornava claro que o intuito anti-inflacionário só seria atingido se os reajustes salariais fossem inferiores ao aumento do custo de vida(32), o que faz com que *Alves* veja em tal diploma uma ofensiva do Estado de Segurança Nacional contra o trabalhismo e uma intensificação da repressão contra as entidades sindicais(33).

Ocorre que em fins da década de 1970 e na década de 1980, as políticas salariais parecem apontar para uma elevação da renda do trabalho superior ao custo de vida, fato que, embora relativizado pelos altos índices inflacionários, não deixa de representar uma mudança no perfil dessas políticas, impulsionadas pela ascensão das lutas operárias, renascimento das organizações sindicais autônomas, valorização da negociação coletiva e pelo processo de reabertura democrática. *Oliveira* identifica neste período,

> *uma crescente valorização dos acordos trabalhistas, principalmente nos setores mais modernos da economia, seja pelas alterações introduzidas nas normas de reajuste salarial a partir do final dos anos setenta, que abriram brechas à negociação dos índices de reajuste, seja pelo progressivo aumento do poder de barganha dos sindicatos. De modo geral, os trabalhadores organizados procuraram generalizar os critérios de reajuste salarial obtidos pelas categorias profissionais mais fortes, que quase sempre estiveram acima do patamar mínimo legal, além de questionar o descumprimento das normas salariais, frequentemente alteradas pelo governo com a edição de novos pacotes econômicos e de novas medidas de política salarial. Na maioria das vezes, essa forma de atuação propiciou uma certa uniformização dos padrões de reajuste por meio de negociação coletiva ou até mesmo de sentenças normativas*(34).

Portanto, se a política salarial fora durante todo o período ditatorial um grande instrumento de compressão dos salários e de contenção inflacionária, na década de 1980,

---

(31) Sobre isso, vide SIMONSEN, Mário Henrique. *30 anos de indexação*. São Paulo: Fundação Ed. Getúlio Vargas. Apesar de o autor não apresentar maiores preocupações com a remuneração do trabalho, mostra claramente como as fórmulas econômicas representaram, na prática, diminuição dos salários.

(32) "A política antiinflacionária em que se tem empenhado ativamente o governo, visando a atingir razoável estabilização dos preços durante o ano de 1966, exige para o seu sucesso uma política salarial coerente e uniforme, tanto no setor privado quanto no setor público da economia. A política salarial estabelecida, assim como as normas para a concessão dos reajustamentos salariais, foi observada, sem grandes desvios, nas entidades públicas e empresas sujeitas ao controle tarifário do governo federal. No setor privado, porém, muito embora os Tribunais do Trabalho tivessem aceitado, de um modo geral, o espaçamento de um ano para os novos acordos salariais, persistiu na maioria dos casos, por força da decisão da Justiça do Trabalho e na falta de uma legislação adequada, a prática da concessão de reajustamentos salariais proporcionais e, em alguns casos, superior ao aumento do custo de vida. Demonstrado como está, pela experiência, que as tentativas de reconstituição do salário real através de reajustamento efetuados mediante uma simples aplicação dos índices de aumento do custo de vida são incompatíveis com uma política antiinflacionária, torna-se necessário estender ao setor privado da economia normas fundamentais de disciplina salarial já adotadas no setor público." (Lei n. 4.725/1965, Preâmbulo)

(33) ALVES, Maria Helena Moreira. *Estado e Oposição no Brasil*: (1964-1984). Petrópolis: Vozes, 1984. p.81.

(34) OLIVEIRA, M. A. *Tendências recentes das negociações coletivas no Brasil*. In: ENCONTRO ANUAL DA ANPOCS, XXV, 2001, Caxambu.

com o ressurgimento das lutas sindicais e das greves, ela se torna um instrumento até certo ponto eficiente para a obtenção de ganhos reais. Sua extinção através do Plano de Estabilização Econômica é vista como um remédio eficaz contra a espiral inflacionária.

Porém, não bastava a estipulação da livre negociação. Para extirpar a inflação era preciso criar mecanismos capazes de impedir que as negociações coletivas pudessem atingir ganhos reais, pois tais custos poderiam ser repassados para os preços. Portanto, a MP n. 1.053/1995 inclui entre os seus dispositivos: vedação de "estipulação ou fixação de cláusula de reajuste ou correção salarial automática vinculada a índice de preços" (art. 13, I), "de concessão a título de produtividade, de aumento não amparado em indicadores objetivos, aferidos por empresa" (art. 13, II). Tal MP previa ainda a dedução das antecipações e dos aumentos concedidos antes da revisão em data-base do valor estipulado nesta (art. 13, parágrafo único) e a obrigatoriedade de mediação por pessoa designada pelo Ministério do Trabalho, como condição prévia para interposição do dissídio (art. 11)[(35)].

A situação imposta por tais medidas e também a mudança da conjuntura econômica criaram sérias dificuldades para que as categorias conseguissem aumentos reais de salário durante os primeiros anos do Plano Real. Pesquisa realizada pelo DIEESE aponta que "desde 1995, quando foi extinta a política salarial, até 1999, o levantamento vem apurando uma tendência de queda percentual de categorias profissionais que conseguem reajustar seus salários de acordo com a variação igual ou maior do que o Índice Nacional de Preços ao Consumidor do Instituto Brasileiro de Geografia e Estatística (INPC/IBGE)"[(36)].

### TABELA 2 — CATEGORIAS QUE CONQUISTARAM REPOSIÇÃO INTEGRAL OU SUPERIOR AO INPC/IBGE

### BRASIL 1995/1999

| Ano | % de categorias |
|---|---|
| 1995 | 85,4 |
| 1996 | 61,3 |
| 1997 | 54,4 |
| 1998 | 64,7 |
| 1999 | 49,7 |

**Fonte: DIEESE — Banco de Dados Sindicais**
**Nota: Dados até setembro de 1999**

(35) Em ADIN interposta em julho de 1995 pelo PDT (Partido Democrático Trabalhista) pleiteou-se a inconstitucionalidade do art. 13, II, sob o argumento de contrariar o art. 7º, XXVI, que prevê o "o reconhecimento das convenções e acordos coletivos de trabalho", bem como, do art. 11 e seu § 4º, que afrontariam o princípio do acesso à justiça. Embora o Presidente do STF, à época Sepúlveda Pertence, tenha concedido a liminar, o objeto da ação acabou sendo prejudicado devido às mudanças realizadas pelo presidente da República nas reedições da MP. (Ac. Tribunal Pleno, STF — ADI 1309-2, Relator Ministro Carlos Velloso, pub. no DJ de 17.11.95)

(36) DIEESE, *op. cit.*, p. 39.

É neste contexto que a PLR ganha impulso como um instrumento alternativo. Forma flexível, isenta da "rigidez" salarial, e capaz, em um período de crise, de agradar tanto ao empresariado, como sindicalistas e trabalhadores.

Pesquisa realizada por *Carvalho Neto*, englobando setores de ponta da indústria e serviços[37], relativa aos anos de 1992 a 1998, apontou que a PLR foi considerada por trabalhadores e empregadores como um dos temas centrais das negociações coletivas dos anos 1990 e um dos temas em que mais se avançou. "Em todos os setores pesquisados a PLR se impôs como o principal tema, visto como uma oportunidade positiva no contexto negocial dos anos 90 por 85,71% dos empregadores e 91,30% dos sindicatos entrevistados."[38] Cabe, no entanto, indagar como um tema, que de tão controvertido ficou no limbo por longos anos, de repente passa a ser quase unânime.

Do ponto de vista da representação sindical profissional, a PLR enseja algumas oportunidades. A primeira delas, e mais pragmática, é a possibilidade de algum ganho adicional, mesmo nas situações em que as possibilidades de aumento real dos salários são muito baixas. Seria, desta forma, um subterfúgio, um meio de as entidades sindicais legitimarem a sua atuação, ainda que em condições adversas. Tal situação aponta para uma possibilidade de troca de salários por PLR, fazendo com que o alívio representado pelo ganho imediato possa significar, a médio e longo prazos, uma redução do preço da força de trabalho.

Porém, há outras questões que despertam interesse. Uma delas refere-se à possibilidade de os trabalhadores obterem um maior conhecimento da empresa, tanto no que diz respeito aos processos contábeis como no que concerne à organização produtiva. Além disso, a PLR, ao ser negociada por uma comissão de trabalhadores integrada por um representante sindical[39], abriria espaços de representação dos trabalhadores nos locais de trabalho. Tal comissão, embora destinada a um fim específico, poderia reivindicar um funcionamento permanente. O repasse de informações sobre o balanço da empresa, sobre o desenrolar das metas, etc., seria uma forma de contato direto com o "chão de fábrica", ou seja, de se constituir um elo mais estreito entre o sindicato e seus representados. Isso viabilizaria que o sindicato interviesse diretamente, inclusive em aspectos de gestão referentes ao processo de reestruturação produtiva. As MPs sobre o tema e, posteriormente, a Lei n. 10.101/2000, abririam brechas para esse tipo de atuação, já que no próprio acordo (seja com a comissão ou diretamente com o sindicato) devem ser fixadas cláusulas referentes "aos mecanismos de aferição das informações pertinentes ao acordado" (Lei n. 10.101/2000, art. 2º, § 1º[40]). Esta foi a posição de vários sindicalistas:

*Do ponto de vista de ganhos para o trabalhador, tem-se intensificado muito a questão da PLR... Com a queda da inflação, ela passou a ter um peso significativo, em média*

(37) Químicos do ABC, Químicos da Região Metropolitana de São Paulo, Trabalhadores em Telecomunicações de MG, RJ e RS, Metalúrgicos de São Paulo, e Metalúrgicos de Betim.

(38) CARVALHO NETO, Antônio Moreira de. *A negociação coletiva como expressão das relações de trabalho*: estudo do caso brasileiro de 1992 a 1998. Belo Horizonte: CEPEAD/ Universidade Federal de Minas Gerais, Tese de Doutorado em Administração, 1999. p. 345.

(39) À frente, quando for discutido com mais detalhe as sucessivas MPs que regularam o tema, far-se-á referência à constante tentativa por parte do governo de alijar os sindicatos da negociação.

(40) Tal previsão está contida no texto desde a MP n. 794/94.

*de 1 a 3 salários por ano ... os trabalhadores puderam, a partir das informações, da negociação da PLR, ter um conhecimento melhor da empresa, dos seus indicadores. E isso, tem se tornado, aqui no ABC, uma prática bastante forte, está no cotidiano dos trabalhadores (Sindicalista do ABC entrevistado).*

*PLR ... realmente, a gente entrou de cabeça. Com a inflação caindo, percebemos que iam endurecer as negociações. Hoje, muitos sindicatos não conseguem 2.3%. Nós vimos na PLR uma alternativa de ganhos para o trabalhador. É também a maneira de a gente começar a entrar dentro da fábrica, fazer com que o trabalhador tenha uma participação maior no processo produtivo. Aquele delegado sindical de antigamente tinha que saber fazer uma greve, está numa situação diferente, tem que conhecer o processo produtivo para discutir programas de metas, qualidade do produto, para que este seja competitivo. (Sindicalista de São Paulo entrevistado)*[41].

## 3. AS VANTAGENS COMPETITIVAS DA PLR

### 3.1. Novo perfil legislativo

Após apontar para o contexto em que se deu a inserção da PLR no direito brasileiro, deve-se analisar os aspectos concretos que dizem respeito à regulação do tema, bem como os interesses correlatos. Em primeiro lugar é preciso que se trace um quadro geral sobre as características da Lei n. 10.101/2000, que dispõe sobre a PLR.

Das dezenas de projetos de lei que desde 1919 buscavam regular a Participação nos Lucros, a maioria absoluta deles possuía um aspecto comum. Definiam a participação como obrigatória e fixavam critérios sobre o percentual dos lucros que deveria ser distribuído. Geralmente, o conceito de lucro decorria do seu valor estipulado para fins de imposto sobre a renda. Definiam-se escalas variáveis de participação de acordo com a dimensão da empresa. Estipulavam-se os setores e atividades que estariam abrangidos e os que estariam excluídos.

A regulação atual é claramente diferente. Ela é minimalista. Aponta somente aspectos genéricos e imprescindíveis, incentivando a autocomposição dos atores envolvidos. São estes que fixarão os contornos da PLR (a modalidade de participação, o percentual do lucro a ser distribuído, o conceito de lucro utilizado, as metas a serem pactuadas, etc.). Em teoria, a partir da interpretação constitucional e legal, pode-se até argumentar da obrigatoriedade da participação, mas na realidade torna-se claro que a implantação de um programa de PLR é facultativa, já que não há qualquer previsão de sanção no caso de recusa de uma das partes em negociar o tema.

Além disso, a legislação propugna o afastamento do meio tradicional de resolução de conflitos coletivos trabalhistas: o dissídio coletivo[42]. Há previsão de que em caso de

---

(41) *Ibidem*, p. 196.

(42) Com a EC n. 45/2004 (conhecida como emenda da Reforma do Poder Judiciário) alterou-se, dentre outras coisas, o art. 114, § 2º da CF. Com a nova redação, para que haja ajuizamento de dissídios de natureza econômica deve haver "comum acordo" entre as partes, o que, na prática, limitaria a utilização do instrumento. Foram interpostas diversas ações diretas de inconstitucionalidade com o fim de suprimir a expressão "comum acordo" do texto constitucional. ADIn 3.392 (20.1.05), 3.423 (4.3.05), 3.431 (10.3.05), ADIn 3.432 (14.3.05), sendo que nenhuma obteve medida cautelar, aguardando, portanto, decisão definitiva.

impasse nas negociações, as partes poderão utilizar-se da mediação ou da arbitragem de ofertas finais (art. 4º, I e II). Alguns autores, como *Sérgio Pinto Martins*, consideram que a mediação ou a arbitragem por ofertas finais são opcionais. Tal conclusão se depreenderia da palavra "poderão". Desta forma seria cabível pleitear o pagamento de PLR nos dissídios coletivos. Porém, tal não é a posição que vem adotando a jurisprudência dos tribunais. Em diversas situações o TST posicionou-se pela impossibilidade de discussão do tema em sede de dissídio coletivo(43).

Tem-se um modelo legislativo aberto, facultativo, baseado na autocomposição e que procura deliberadamente afastar qualquer intervenção estatal. Prevaleceu a visão de que só "o conhecimento da realidade concreta, peculiar a cada empresa e variável no tempo, permite a adoção de critérios aptos a reger o instituto"(44). Portanto, embora sejam fixados parâmetros que devem constar nas negociações (art. 2º, I — índices de produtividade, qualidade ou lucratividade da empresa; II — programas de metas, resultados e prazos, pactuados previamente), tais critérios, conforme a própria lei prevê, são meramente exemplificativos(45). A partir de cada negociação podem ser livremente criados novos parâmetros aptos a incluir, entre outras coisas, metas ambientais, de sugestões inovadoras, de redução de acidentes de trabalho, de limpeza no local de trabalho, etc. Tudo isto, conforme a disposição e a criatividade da partes negociadoras.

A regulamentação da PLR contribuiu para uma significativa mudança nas estratégias de atuação sindical, com um progressivo aumento dos acordos coletivos por empresa em detrimento das convenções e dos acordos envolvendo duas ou mais empresas. Há,

---

(43) "O art. 114 da Constituição Federal não permite a esta Justiça Especializada fixar normas e condições de trabalho de forma irrestrita. Esta prerrogativa somente pode ser exercida quando inexistente norma legal reguladora da matéria. Inviável, pois, a estipulação em sentença normativa de cláusula acerca de participação nos lucros, vez que o tema está disciplinado pela Medida Provisória n. 1.539-32/97" (TST, SDC, AG-ES-370.946/97.9, Ac n. 1.359/97, Rel. Min. Ermes Pedro Pedrassani, *DJU*, n. 226, 21.11.1997, p. 60.779). "PARTICIPAÇÃO NOS LUCROS. É sabido que a teor do art. 2º da Lei n. 10.101/2000 a introdução da participação nos lucros ou resultados depende de acertamento entre as partes, mediante constituição de uma comissão paritária ou celebração de acordo coletivo, vale dizer, ser imprescindível haja negociação entre os protagonistas das relações coletivas de trabalho. Não cabe por isso à Justiça do Trabalho estabelecer a criação dessa condição, a qual deve ser instituída por mútuo acordo entre as partes. Além disso, não demonstrou o recorrente eventual incremento financeiro da categoria econômica, que amparasse a pretensão de se conceder a participação nos lucros. Nego provimento." (TST-RODC-688/2003-000-04-00.7, pub. no DJ de 9.9.05). "PARTICIPAÇÃO NOS LUCROS E RESULTADOS. O E. Regional deferiu a Cláusula nestes termos: 'Empregados e empregadores terão o prazo de 60 (sessenta) dias para a implementação da medida que trata da participação dos trabalhadores nos lucros ou resultados das empresas, sendo que para tal fim deverá ser formada em 15 (quinze) dias, uma comissão composta por 3 (três) empregados eleitos pelos trabalhadores e igual número de membros pela empresa (empregados ou não) para, no prazo acima estabelecido, concluir estudo sobre a Participação nos Lucros (ou resultados), fixando critérios objetivos para sua apuração, nos termos do artigo 7º, inciso XI, da Constituição Federal, sendo assegurada aos Sindicatos profissional e patronal a prestação da assistência necessária à condução dos estudos.' (fl. 358). Trata-se de Cláusula meramente programática, de incentivo ao entendimento direto entre as partes, merecendo, portanto, ser prestigiada. Nego provimento." (TST, SDC, RODC-20189/2004-000-02-00.8, pub. no DJ de 11.11.05)

(44) ROMITA, A. S. A participação nos lucros à luz das medidas provisórias. *Trabalho & Processo*. São Paulo, v. 6, p. 6-19, set. 1995. p. 9.

(45) Tal conclusão advém da expressão "entre outros" presente no art. 2º da Lei n. 10.101/2000.

portanto, uma verdadeira fragmentação das lutas sindicais, com a descentralização das negociações e o foco de atuação voltando-se para o interior da empresas, pois a própria natureza dos temas negociados (qualidade, metas, resultados, etc.) acaba por dificultar uma pauta homogênea que envolva toda a categoria.

Tal situação, se por um lado favorece a introdução na agenda das organizações sindicais de temas relativos à gestão da empresa e à organização do trabalho, por outro, pode impulsionar uma fragilização do sindicalismo. Isto porque, ao se deslocar o centro de debate para empresa, limitam-se as possibilidades de generalização das condições pactuadas e, portanto, de a negociação influir nas relações de trabalho de forma mais ampla. Além disso, a "empresa encontra menos resistência em um espaço em que há menos variáveis a controlar"(46).

O intuito de restringir a pactuação da PLR às fronteiras da empresa era ainda mais perceptível nas primeiras versões das MPs que trataram do tema. Na MP 794/1994 não se fazia qualquer referência à participação sindical nas negociações. Falava-se que "toda empresa deverá convencionar com seus empregados, mediante negociação coletiva, a forma de participação destes em seus lucros e resultados" (art. 2º). Na reedição seguinte (MP n. 860 de 27.1.95) o "lapso" anterior ficava claro. A legitimidade para negociar era de uma comissão de trabalhadores escolhida dentre os próprios empregados. O sindicato estava, portanto, alijado de participação e a negociação só poderia se dar nos limites da empresa.

A nova redação, que vigorou durante sucessivas reedições, deu ensejo à interposição de uma ADIN, de autoria da CONTAG (Confederação Nacional dos Trabalhadores na Agricultura), CNM (Confederação Nacional dos Metalúrgicos), entre outros, alegando contrariedade ao art. 8º, I, da CF, que considera "obrigatória a participação dos sindicatos nas negociações coletivas de trabalho" (art. 8º, VI). O STF concedeu medida liminar suspendendo a expressão "*por meio de comissão por eles escolhida*" da então vigente MP n. 1.239 de 14.12.95.

Lentamente o governo vai cedendo às pressões sindicais. Primeiro acrescenta que a comissão será "integrada ainda, por um representante do sindicato" (MP n. 1.539-34 de 7.8.97). Após (MP n. 1.619 de 10.6.98), prevê que o representante do sindicato deverá ser empregado da empresa, mas acrescenta a possibilidade de a PLR ser negociada diretamente pelo sindicato através dos instrumentos da negociação coletiva. Por fim, a redação vigente na Lei n. 10.101/2000 prevê que a PLR seja pactuada através de "comissão escolhida pelas partes, integrada também, por um representante indicado pelo sindicato da respectiva categoria" (art. 2º, I) ou "convenção ou acordo coletivo" (art. 2º, II).

Não há qualquer referência sobre como se solucionam as situações em que mais de um legitimado se propõe a negociar. No caso de se pactuarem convenções e acordos coletivos simultaneamente, não haverá qualquer problema. Mantém-se a hierarquia típica que prevê que "as condições estabelecidas em Convenção, quando mais favoráveis, prevalecerão sobre as estipuladas em acordo" (CLT, art. 620). Na prática, o que ocorre é que as CCT estabelecem valores mínimos e os ACT procuram suplantá-los. Os ban-

---

(46) TUMA, Fábia. *Participação nos lucros ou resultados:* incentivo à eficiência ou substituição dos salários. São Paulo: LTr, 1999. p. 83.

cários servem de exemplo para tal situação. Eles negociam em sua data-base, desde 1995, a Participação nos Lucros de forma centralizada, através de CCT. Após, quando são firmados os diversos ACT, deduz-se dos valores pagos a título de PLR aqueles que já foram quitados conforme a estipulação da convenção. Isto ocorre também quando se institui um programa de PLR unilateral, em que é a empresa que o elabora e executa sem qualquer participação sindical ou de comissão dos trabalhadores. Neste caso, a Lei da PLR autoriza que os valores pagos unilateralmente possam ser deduzidos daqueles estipulados por CCT ou ACT (art. 3º, § 3º).

Porém, resta a dúvida sobre o caso de haver conflito entre o sindicato e a comissão formada por trabalhadores integrada por um representante sindical. A Lei n. 10.101/2000 não aventa tal possibilidade. No entanto, uma interpretação constitucional para tal conflito aponta para uma supremacia do sindicato, já que este é o órgão legitimado pela Carta Magna para a realização de negociações coletivas de trabalho (CF, art. 8º, VI).

Apesar da evolução, que finalmente reconhece o sindicato como interlocutor legítimo para negociar PLR, não deixa de ser necessário frisar o aspecto antissindical presente nas primeiras medidas provisórias. Aliás, esta era uma opção que se coadunava perfeitamente com a penetração da doutrina neoliberal no poder público brasileiro. "Manter um estado forte, sim, em sua capacidade de romper o poder dos sindicatos e no controle do dinheiro, mas parco em todos os gastos sociais e nas intervenções econômicas."[47]

Deve-se dirigir um olhar crítico diante desse novo perfil legislativo. Por um lado, ele se ancora em anseios de autonomia e liberdade sindical reivindicados desde a década de 1980 pelo novo sindicalismo. Seu discurso propugna a superação do modo "tutelar" com que as relações de trabalho foram reguladas no Brasil desde o período getulista. O próprio presidente Fernando Henrique Cardoso argumentava à época que seu governo instaurava uma nova era: enfim estariam superados o populismo e o nacional-desenvolvimentismo. Por outro lado, apesar do discurso que valoriza a livre pactuação, vê-se claramente, tanto no que se refere à MP n. 1.053/1995, que estipulou medidas complementares ao Plano Real[48], como no que diz respeito às sucessivas MPs regulando a PLR, que o governo possuía clara intenção de coibir a atuação de um dos polos das negociações: o da representação sindical dos trabalhadores. A autonomia encobre o aspecto repressivo e antidemocrático que vê com maus olhos a possibilidade de as organizações sindicais virem a intervir no "livre" jogo do mercado.

### 3.2. *Redução de custos*

Dentre os aspectos que tornam a difusão da PLR especialmente atraente para o capital, representando verdadeira vantagem competitiva para as empresas que a implementam, está a redução dos custos do trabalho. Este é o fator que impulsionou a implantação de grande parte dos programas nos primeiros anos de vigência das sucessivas MPs sobre o tema. Para tal conclusão, basta verificar o número de empresas que

(47) ANDERSON, Perry. Balanço do Neoliberalismo. In: SADER, Emir; GENTILI, Pablo (Orgs.). *Pós-neoliberalismo*: as políticas sociais e o estado democrático. Rio de Janeiro: Paz e Terra, 1995. p. 11.

(48) Novamente é preciso ressaltar que tal medida, após sucessivas reedições e alterações, foi convertida na Lei n. 10.192 de 2001.

pagavam a participação como se fosse um "abono", sem qualquer vinculação ao lucro da empresa ou a resultados previamente estipulados. Em 1996, esta modalidade de "participação" representava, segundo estudo do DIEESE, 45,7% dos acordos coletivos sobre o tema[49]. O que torna claro que antes de a PLR tornar-se um instrumento de gestão e de incentivo à produtividade, ela era, sobretudo, um mecanismo de redução de custos. Não havia qualquer preocupação com a integração do trabalhador na vida da empresa, com sua motivação, etc. Utilizava-se da nova possibilidade instituída pelas MPs simplesmente como forma de substituição de salários. Ainda assim, não se pode olvidar que os acordos realmente condicionados a lucros, mas principalmente a resultados, vêm crescendo a cada ano. Em 1999 eles representavam 84,1% dos acordos[50], e tudo indica que essa proporção continuou a expandir-se durante dos primeiro anos deste século.

A PLR pode ser um instrumento efetivo de redução de custos. A desvinculação da remuneração prevista constitucionalmente (CF, art. 7º, XI) e a garantia legal de que a parcela não está sujeita ao princípio da habitualidade nem constitui base de incidência de qualquer encargo trabalhista (Lei n. 10.101/2000, art. 3º, *caput*) ou previdenciário (Lei n. 9.711/98, art. 20 — Lei da Reforma da Previdência Social) expressam muito bem essa realidade. Além disso, apesar de haver previsão de que não se pode pagar a PLR em período inferior a um semestre civil, sendo possível, portanto, apenas duas parcelas anuais (Lei n. 10.101/2000, art. 3º, § 2º[51]), não há estipulação de um valor máximo passível de ser pago a este título. Isso permite que, ainda que com a limitação temporal das parcelas, a proporção da PLR em relação aos salários seja cada vez maior, podendo chegar, em alguns casos, a 3 (três) ou mais salários[52]. Nestes casos, a PLR torna-se claramente um mecanismo de substituição da remuneração.

Na disciplina brasileira, ao contrário do que ocorre em outras legislações do direito comparado (por exemplo, França e Reino Unido), não há isenção tributária sobre o imposto de renda. A Lei prevê que as participações sejam tributadas "na fonte, em separado dos demais rendimentos recebidos no mês, como antecipação do imposto de renda devido na declaração de rendimentos da pessoa física, competindo à pessoa jurídica a responsabilidade pela retenção e pelo recolhimento do imposto" (art. 3º, § 5º). Além disso, permite-se à empresa que a quantia distribuída a título de PLR seja deduzida do lucro real como despesa operacional, dentro do mesmo exercício financeiro (art. 3º, § 1º)[53].

Tudo isso faz com que a implantação da PLR seja um instrumento de redução dos custos fixos das empresas. É o que apontou, por exemplo, um estudo realizado pela em-

(49) DIEESE, *op. cit.*, p. 60.

(50) *Idem.*

(51) A Lei n. 10.101/2000 prevê ainda que o poder executivo poderia rever a periodicidade do pagamento até 31 de dezembro de 2000 "em função de eventuais impactos em receitas tributárias" (art. 3º, § 4º), o que acabou por não ser feito.

(52) Como efetivamente ocorre nas montadoras da RMC (Região Metropolitana de Curitiba).

(53) "Na linha de definição do fato gerador do imposto sobre a renda — que é a 'aquisição de disponibilidade econômica ou jurídica' —, que sendo a participação uma despesa operacional, que implica uma 'desaquisição' e não uma 'aquisição' e uma 'indisponibilidade' e não uma 'disponibilidade', é dedutível da base de cálculo do imposto a ser recolhido ao Erário Federal" (MARTINS, Ives Gandra da Silva, *op. cit.*, p. 205).

presa de consultoria KPMG, publicado parcialmente no jornal O Estado de S. Paulo[54]. Tal estudo simula a situação de uma empresa que tem um lucro de R$ 1.000,00 e pode distribuí-lo através de aumento salarial de R$ 100,00 ou de Participação nos Lucros com mesmo valor. Comparam-se as duas hipóteses. Na primeira o aumento é concedido na forma de salário e, na segunda, por meio de PLR.

## TABELA 3 — DIFERENÇA ENTRE AUMENTAR SALÁRIOS E PAGAR PLR (EM R$)

| Item | Aumento Salarial | PLR |
|---|---|---|
| Lucro | 1.000 | 1.000 |
| Despesa adicional c/empregados | -100 | -100 |
| Encargos sociais sobre a despesa social | -35 | ——— |
| Subtotal | 885 | 900 |
| Imposto de Renda e Contribuição Social Sobre o Lucro | -285,45 | -297 |
| Lucro líquido | 580 | 603 |

**Fonte: KPMG, *apud O Estado de S. Paulo*, de 20.7.97.**

O lucro líquido, no caso do pagamento em PLR, é 4% maior. Não se sabe exatamente o grau de fidedignidade de tais dados. Até porque o acesso à pesquisa foi parcial (breve divulgação em artigo de jornal). Não se sabe qual a metodologia utilizada. Apesar disso, o importante é realçar o fato de a PLR estar sendo vista pelas consultorias especializadas em administração e recursos humanos como um mecanismo concreto de redução de custos.

Além disso, há uma outra questão que não pode ser descurada. A regulação da PLR acabou por provocar um sério refluxo em um importante item da agenda sindical até meados da década de 1990. Trata-se das cláusulas de produtividade, que buscavam transferir parte do valor adicionado pelo aumento da produtividade do trabalho para os empregados. *Tuma* atenta para o fato de que após a expansão da PLR o item produtividade foi varrido das negociações salariais[55]. Transferiu-se o tema, quase por completo, para a discussão da Participação nos Resultados. O DIEESE aponta para os perigos dessa mutação e indica como os efeitos distributivos da PLR são perdidos se paralelamente não houver uma incorporação salarial dos acréscimos de produtividade.

O conceito de produtividade não é simplesmente matemático. É também um conceito histórico que está relacionado ao modo como o homem interpreta e simboliza o trabalho e a produção. Por isso, atualmente discute-se a inclusão, dentre os aspectos

(54) Participação nos lucros é negócio rentável. Jornal *O Estado de S. Paulo*, 20.7.97, p. B14.

(55) TUMA, *op. cit.*, p. 232.

computáveis na produtividade de questões relacionadas ao meio ambiente, à qualidade do que é produzido, etc. Porém, o uso de alguns conceitos simples, ainda que se corra o risco de reduzir a complexidade do problema, pode ajudar a elucidar alguns impactos da transformação da produtividade em item não salarial.

Serão utilizadas duas definições de produtividade. A primeira é denominada produtividade física, e a segunda, produtividade por valor adicionado. Aquela mede a quantidade produzida em um determinado tempo por certo número de trabalhadores; esta quantifica a "capacidade que o trabalhador tem de aumentar o valor do conjunto de mercadorias e serviços que compõem um determinado produto. Assim, a produtividade se expressa através da relação entre o valor adicionado e a quantidade de trabalhadores em um determinado tempo"(56).

Cada uma das metodologias tem vantagens e desvantagens próprias. A produtividade física dificilmente pode ser computada de forma satisfatória em empresas que realizam atividades diversificadas, que vão desde a produção direta até a prestação de serviços. Ela exige uma padronização do trabalho para que possa ter efeito elucidativo. Além disso, seu aumento não representa necessariamente uma elevação da lucratividade da empresa, já que não leva em conta aspectos como a demanda e o preço de mercado dos bens produzidos. Ela enfoca o *durante* a produção, mas ignora os aspectos posteriores.

Já a produtividade por valor adicionado abarca o preço de venda da mercadoria. Atenta, portanto, para os aspectos posteriores à produção. Não apresenta a transparência e a facilidade de visualização da produtividade individual que a outra possui, mas introduz uma dimensão econômica na análise. Ela é computada pela "soma dos gastos com pessoal + lucros + juros + aluguéis + impostos (...) quando da venda de um produto/serviço pelo preço de mercado, o valor adicionado é o que resta, descontados os preços dos insumos e matérias primas"(57).

Qualquer que seja a opção dentre as duas formas de aferição da produtividade citadas acima, seu aumento, para que tenha um efeito realmente distributivo, deve reverter-se em acréscimo salarial.

A elevação da produtividade física deve ser incorporada à remuneração. Ainda que não haja garantia alguma de que este incremento será efetivamente convertido em lucro pela empresa (já que diversos fatores externos podem corroborar para que, ainda que com ganhos de produtividade, a empresa dê prejuízos: redução de demanda, taxa cambial desfavorável, etc.), tal incerteza não pode ser repassada ao trabalhador.

O aumento de produtividade só pode se dar através do trabalho. Este é um dado inafastável, ainda que o fetichismo do capital insista em atribuir tal prerrogativa às máquinas. A maquinaria nada mais é do que trabalho objetivado. Além disso, no modo de produção capitalista são os próprios detentores dos meios de produção que devem assumir os riscos do empreendimento, este é o ônus mínimo cabível àquele que admite, assalaria e dirige trabalho alheio. Neste sentido, é legítimo que se reivindique o repasse dos ganhos de produtividade aos salários. O alcance de um determinado patamar de

(56) DIEESE, *op. cit.*, p. 49.

(57) *Idem*, p. 50.

produtividade se incorpora definitivamente à atividade da empresa. Isto não é algo que se possa perder no ano subsequente e, portanto, é incompatível com as incertezas que marcam a pactuação da PLR.

No caso de se utilizar o critério da produtividade por valor adicionado, a conclusão também não pode ser diferente. Propõe-se uma situação hipotética em que se tem um valor adicionado de R$ 1.000,00, distribuído da seguinte forma: salário (R$ 300,00), tributos (R$ 100,00), lucros (R$ 600,00). Para fins de simplificação, considera-se sua composição como sendo integrada apenas por estes três itens.

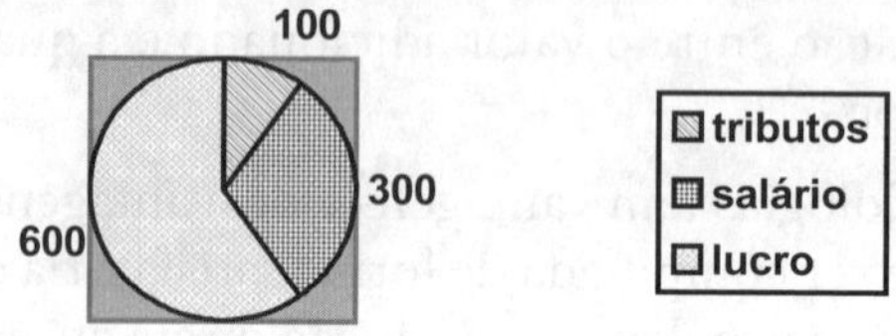


Fonte DIEESE

No caso de haver um acréscimo de produtividade por valor adicionado de R$ 100,00 (10%), há diversas possibilidades acerca de como esta elevação irá se refletir na composição do gráfico. Na primeira hipótese vislumbra-se uma distribuição proporcional dos ganhos.

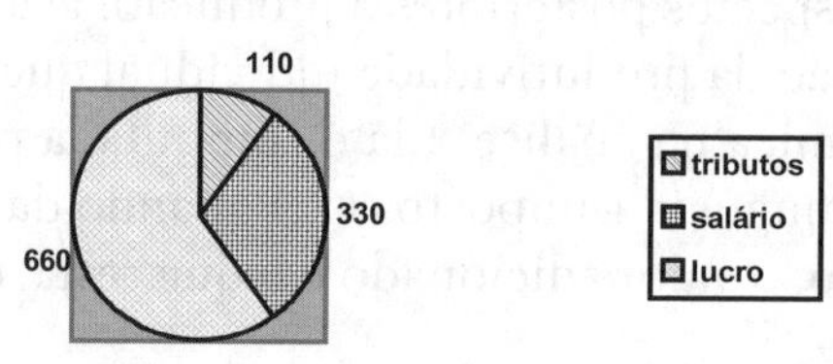


Fonte DIEESE

Há também uma possibilidade de que o ganho de produtividade seja direcionado apenas para o lucro. Neste caso, ocorrerá o seguinte:

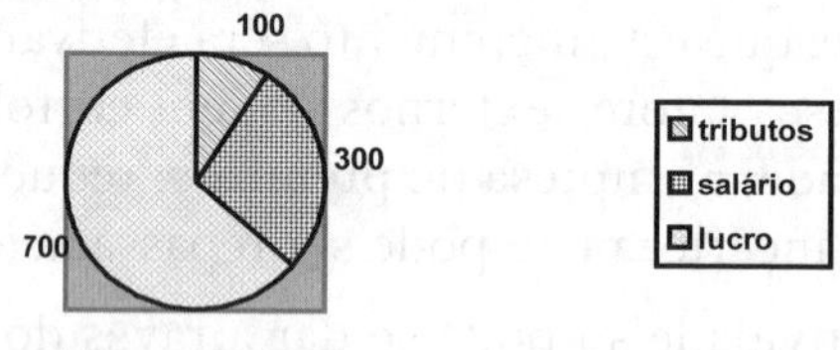


Fonte DIEESE

Tem-se, portanto, uma situação em que o aumento da produtividade é aliado à concentração de renda. O salário e os tributos perdem participação e caem para 27% e 9%, respectivamente, do total, enquanto o lucro aumenta. Nada mais propício ao capital. Pactuar, neste caso, um programa de PLR, com todas as vantagens de redução dos custos do trabalho a ele inerentes, pouco contribuiria para reverter a situação descrita no gráfico acima. Na melhor das hipóteses apenas abrandaria os efeitos concentradores da distribuição desigual da produtividade por valor adicionado. Portanto, a única possibilidade de se obter algum efeito redistributivo através da PLR seria conciliá-la com a inclusão nas negociações salariais de cláusulas de produtividade. Ao contrário disso, o que vem ocorrendo na prática é a inclusão da produtividade como mais uma dentre as diversas metas estipuladas nos acordos de PLR. Portanto, ela acaba por situar-se no mesmo patamar das metas de qualidade, de absenteísmo, de limpeza no local de trabalho, etc.

### 3.3. *Flexibilização do sistema remuneratório*

*Weitzman*, com sua obra "A economia participativa: superando a estagflação", publicada em sua versão original em 1984[58], inaugurou uma nova visão sobre a participação nos lucros. Ela passa a ser vista, a partir de então, sobretudo como mecanismo de flexibilização dos custos do trabalho. Com a difusão da participação poderiam ser resolvidos os principais males da época: o desemprego, a estagnação econômica e as altas taxas inflacionárias. Para isso, o principal instrumento seria tornar flexíveis as remunerações[59].

O argumento de *Weitzman* é que "a teoria de que as empresas que usam contratos de salário fixo oferecem seguro a seu conjunto homogêneo de trabalhadores com aversão a risco contra a variabilidade da renda é uma generalização falaciosa da experiência do trabalhador com estabilidade num contexto de equilíbrio parcial"[60]. Portanto, num contexto de extrema competitividade e instabilidade, os sistemas de salário fixo seriam impulsionadores do desemprego. Isto porque a consequência natural, em uma economia de salários fixos, da retração da demanda é a redução no nível de emprego. Para esse autor, as respostas aos choques serão mais satisfatórias quanto maior for a possibilidade de variação dos salários. Assim, o nível de emprego estaria preservado, ainda que com a queda dos rendimentos do trabalho. O raciocínio é o seguinte: Se o salário é variável e relaciona-se com a lucratividade da empresa, o aumento do número de trabalhadores não representará um custo adicional[61], pois o mesmo montante do lucro será dividido por um número maior de trabalhadores. O custo marginal de um acréscimo de mão de obra será, portanto, inferior ao custo médio desta, o que impulsiona novas contratações. As consequências da opção por um determinado sistema de remuneração são claramente expressas no trecho seguinte:

> *Em termos gerais, a resposta de uma economia com esquema de participação, a curto prazo, é manter a quantidade de mão de obra empregada (bem como a quantidade produzida) ao nível de pleno emprego, enquanto o desequilíbrio se manifesta no lado do preço (ou valor), com os trabalhadores deixando de receber seu valor marginal, pelo*

---

(58) Obra publicada originalmente pela *Harvard University Press*, com o título *The share economy: Conquering Stagflation.*

(59) Neste caso, por se tratar de uma discussão econômica, utilizaremos o termo remuneração variável que, embora juridicamente impróprio para designar a participação nos lucros, é largamente utilizado pelos economistas.

(60) WEITZMAN, L. Martin. *A economia participativa*: superando a estagflação. São Paulo: Pioneira (USP), 1987. p. 112.

(61) Isso em uma situação ideal em que o atrelamento ao lucro seja integral. Porém, nas situações em que o percentual variável é acompanhado de uma parcela fixa, o mesmo raciocínio é válido, ainda que a diferença entre o custo médio da mão de obra e o custo marginal de uma nova contração seja menor.

*menos temporariamente. Por outro lado, as economias com esquemas de salário fixo tendem a responder a choques recessivos com a manutenção dos preços (ou valores) e equilíbrio (os trabalhadores continuam recebendo o seu valor marginal), enquanto as quantidades de emprego (e produção) caem*[(62)].

Ter-se-ia, portanto, uma receita para o pleno emprego sem que isso viesse a impulsionar a inflação. Isto, em primeiro lugar, porque o pleno emprego torna possível que o governo implemente uma política de estabilização da moeda sem que tenha que se preocupar em estar fomentando o desemprego. Além disso, "qualquer empresa cujos custos unitários da mão de obra variam inversamente com seus níveis de emprego e produção é também uma empresa cujos custos da mão de obra variam diretamente com os preços do produto (já que produção e preços estão inversamente relacionados)"[(63)].

As posições e conclusões do autor são duvidosas. Para ele, a opção pela rigidez dos salários "não deixa de ser um mistério"[(64)], insolúvel para a economia. Trata-se de um sistema que alimenta o corporativismo, pois beneficia os trabalhadores que estão empregados e possibilita que esses aufiram salários artificialmente acima dos patamares "naturais" do mercado, o que, segundo o autor, impulsiona o desemprego.

Ignora-se, portanto, que a irredutibilidade salarial é uma conquista civilizatória, que permite que se atenue a vulnerabilidade do trabalho em relação ao capital e possibilita certa previsibilidade no cotidiano do trabalhador. Viabiliza, com isso, trajetórias e narrativas de vida, com projetos de consumo, de lazer, de uniões afetivas, de participação política, etc. Liberação, ainda que relativa, de outras esferas que não a da simples reprodução física. Isso não pode deixar de ser considerado um progresso! O trabalho deve se recusar a vivenciar todos os riscos do capital. Se não desfruta dos valores produzidos, não deverá ter sobre seus ombros o peso da instabilidade capitalista, que, aliás, é intrínseca ao sistema.

Na argumentação de *Weitzman* a manutenção das taxas de lucro do capital é o dado natural e, portanto, inquestionável. O problema do desemprego é responsabilidade do trabalho. São as organizações sindicais corporativas que o impulsionam com suas exigências absurdas. Se elas aceitassem abrir mão de seus privilégios todos sairiam ganhando, sobretudo o capital!

Salários variáveis significam flexibilidade, maleabilidade, capacidade de adaptação à instabilidade e à competitividade. Fatores essenciais em contextos recessivos. Não se trata de optar por diferentes modelos e possibilidades, mas sim de aceitar a "realidade dos fatos" e submeter a regulação do trabalho às imposições colocadas pela nova realidade econômica. Enfim, tornar a vida de homens e mulheres ainda mais alienadas. Vida à deriva, flutuante como o capital.

Afora as suposições mais otimistas feitas por *Weitzman* (pleno emprego, crescimento econômico, fim da alienação do trabalho, etc.), parece que seu livro realmente inaugurou

---

(62) WEITZMAN, *op. cit.*, p. 85.

(63) *Idem*, p. 89.

(64) *Ibidem*, p. 34.

uma nova atribuição para a Participação nos Lucros: quebrar o sistema dos salários fixos e adaptar os sistemas de remuneração aos imperativos flexibilizadores do capitalismo contemporâneo. Nisso o autor teve grande sucesso, colaborando teoricamente para a ascensão recente dos mecanismos de participação por diversos países ocidentais.

Não se pode dizer que no Brasil a PLR tenha atingido os impactos macroeconômicos almejados por *Weitzman*. Porém, pesquisas, como a de *Carvalho Neto*(65), deixam claro que o tema já está incorporado na prática das negociações coletivas nos setores mais dinâmicos da economia. Também é nítido que essa difusão se insere entre uma série de transformações institucionais e, também, na própria organização da produção que marcaram o Brasil desde a década de noventa. O lema de tais mudanças está na palavra flexibilidade. As organizações, as pessoas e o direito devem ser flexíveis. Só assim pode-se garantir a competitividade.

Não por coincidência, no mesmo período histórico em que se regulamenta a PLR, é instituída uma série de outras medidas político-legislativas com o intuito de fomentar a flexibilidade laboral. Impulsiona-se a *flexibilização numérica*, "incentivando-se a contratação e demissão através da redução de custos e da criação de facilidades para o desligamento dos trabalhadores da empresa"(66). Tem-se, neste caso, "o contrato por prazo determinado, as cooperativas, o contrato parcial, a suspensão do contrato por até 5 (cinco) meses e a denúncia da Convenção 158 da OIT"(67). Estimula-se a *flexibilidade funcional*, seja através de lei ou negociação coletiva, criando-se mecanismos de ajuste do uso da força de trabalho aos interesses da empresa. Entre eles estão: o banco de horas, a liberação do trabalho aos domingos e, também, a PLR. Por último, há a *flexibilidade procedimental*, que diz respeito aos mecanismos de solução dos conflitos trabalhistas. Aqui a tendência apontada é a maior valorização dos espaços privados em detrimento da regulação pública, através da Justiça do Trabalho. Inclui-se a criação das Comissões de Conciliação Prévia, do *rito sumaríssimo* e, também, o estímulo à mediação e arbitragem privadas(68).

A regulação da PLR é o direcionamento de uma temática ampla (flexibilização) para um aspecto específico (remuneração). Sua "virtude" é poder adaptar os gastos com o pagamento dos trabalhadores ao desempenho da empresa. Nos tempos virtuosos todos poderão repartir as benesses, porém, no momento de crise a empresa pode simplesmente suprimir a negociação de PLR. Neste caso, quanto maior for a parcela paga em forma de participação, maior será o percentual do risco repassado ao trabalhador e, portanto, maiores serão os efeitos danosos decorrentes de uma não renovação do programa.

### *3.4. A PLR como instrumento de gestão*

O último aspecto e mais controverso relacionado à implantação da PLR refere-se à possibilidade de ela constituir-se realmente como "incentivo à maior produtividade" (Lei n. 10.101/2000, art. 1º) dos trabalhadores, tal como prevê o escopo legal. A passagem

(65) Vide Capítulo II, item 2.3.

(66) KREIN, José Dari. Reforma Trabalhista de FHC: análise de sua efetividade. *Revista Trabalhista*, vol. II, 2002. p. 135-136.

(67) *Ibidem*, p. 136.

(68) *Ibidem*, p. 134-137.

do objetivo previsto legalmente para o real engajamento dos trabalhadores no sentido de uma maior disposição ao trabalho não é automática. Da mesma forma, nem todos os modelos de participação terão o mesmo sucesso neste objetivo. As possíveis opções poderão ter efeitos diversos.

O modelo que preponderou nos primeiros anos após a MP n. 794/1994 era certamente infrutífero neste aspecto. Ao conceder a participação sob a forma de um "abono" desvinculado de qualquer meta não produz qualquer motivação adicional. Trata-se apenas de uma mudança de rubrica. A parcela que anteriormente era considerada salarial passa a não ser mais. Fato que em nada contribui para a "integração do trabalhador na vida de empresa" (Lei n. 10.101/2000, art. 1º). Em verdade, é perfeitamente admissível que nestes casos o judiciário trabalhista considere o valor pago como parte integrante do complexo salarial. Afinal, a incerteza é intrínseca à PLR. Sem a fixação prévia de um percentual sobre os lucros ou de metas a serem atingidas não pode haver participação. Pelo menos não segundo os ditames fixados pela Lei n. 10.101/2000. Este fator imponderável que faz com que o lucro a ser atingido no final do exercício contábil não seja previsível a não ser por estimativas (que não deixam de ser aproximações), que faz com que as metas possam ou não ser alcançadas, é o que torna o programa condizente com os dispositivos legais. Portanto, parcela fixa, sem qualquer condicionante, não pode ser PLR. É juridicamente salário.

Além disso, deve ser cumprido um dos mecanismos previstos em lei para a negociação da PLR (comissão escolhida pelas partes com a participação de um representante sindical, acordo ou convenção coletiva de trabalho). A previsão de dedução dos valores pagos unilateralmente pelo empregador do montante pactuado em convenção ou acordo (art. 3º, § 3º) não legitima em absoluto a forma unilateral da PLR. Neste sentido, o art. 3º, § 3º, não deve servir como autorização indeterminada para que se burle a autonomia coletiva e a obrigatoriedade de participação sindical. Portanto, é necessária a fixação de metas ou de percentual sobre o lucro em conjunto com os mecanismos legais de negociação. Fora disso, não se tem autêntica PLR[69].

---

(69) Deve-se deixar claro que a posição do autor não é a que vem preponderando nos Tribunais. O TRT/9ª Região, por exemplo, possui posições diversas. Em um caso, quando a matéria era ainda regulada por MPs, considera que "a parcela participação nos lucros, ainda que concedida por força de regulamento da empresa, não tem natureza salarial à luz do disposto no art. 7º, inciso XI, da Constituição Federal" (TRT-PR-RO 562-96 — Ac.2ª T 6.522-97 — Rel. Juiz Arnor Lima Neto, TRT 21-03-1997). Já em outros julgados, do mesmo tribunal, entendeu-se de forma diferente: "PETROBRAS — PARTICIPAÇÃO NOS LUCROS. A Petrobras apenas comunicou aos sindicatos o pagamento. Isto significa que não houve negociação coletiva, não decorreu o direito de acordo coletivo de trabalho ou negociação coletiva, mas apenas e tão somente da vontade do empregador. Se o pagamento se fez de acordo com a vontade do empregador e nas condições por ele propostas, então não está a verba chamada participação nos lucros paga pela reclamada inserida nas disposições da Medida Provisória n. 1.769-99. Se não houve observância das disposições legais a respeito do pagamento — ainda mais sendo a reclamada uma empresa pública — não há como deixar de reconhecer que a reclamada efetuou o pagamento, sim, de um abono salarial, apenas denominado de participação nos lucros." (TRT-PR-RO-05890-2002-Acórdão-02055-2003, Rela. Eneida Cornel, pub. no DJPR de 7.2.03). Ou ainda: "PARCELAS PAGAS EM MAIO E DEZEMBRO-99 PELA PETROBRAS MEDIANTE INSERÇÃO UNILATERAL EM INSTRUMENTO NORMATIVO — NÃO CARACTERIZAÇÃO COMO PARTICIPAÇÃO NOS LUCROS — A circunstância do pagamento da verba estar inserto em instrumento normativo, não permite reconhecer o respeito ao princípio da autonomia negocial coletiva (art. 7º, inciso XXVI, da CF-88), posto que efetuado de forma reconhecidamente unilateral

Passa-se adiante às efetivas modalidades de PLR, indagando-se sobre seus possíveis reflexos na "integração do trabalhador à vida da empresa". A pergunta que cabe é a seguinte: Qual o modelo capaz de impulsionar maior envolvimento por parte do trabalhador? Que pode acrescer de forma mais significativa a produtividade do trabalho?

Parece que as consultorias de recursos humanos e também os trabalhadores vêm apostando mais na Participação nos Resultados do que na Participação nos Lucros, e isso pode ser facilmente identificado pelo crescimento daquela modalidade de participação em detrimento desta. Tabela do DIEESE, ainda referente à década de 1990, dá uma ideia da preferência pelos resultados, ainda que haja um número significativo do que se denomina participação mista (lucros + resultados).

## TABELA 4 — ACORDOS POR MODALIDADE DE PLR NEGOCIADA

| Modalidades de PLR | 1996 | | 1997 | | 1998 | | 1999 | | Total | |
|---|---|---|---|---|---|---|---|---|---|---|
| | n. | % | n. | % | n. | % | n. | % | n. | % |
| Participação nos lucros | 21 | 4.5 | 18 | 3.3 | 16 | 3.9 | 8 | 3.3 | 63 | 3.8 |
| Participação nos resultados | 206 | 44.2 | 321 | 58.8 | 240 | 58.8 | 134 | 56.1 | 901 | 54.3 |
| Participação mista | 26 | 5.6 | 68 | 12.5 | 63 | 15.4 | 59 | 24.7 | 216 | 13.0 |
| Participação independente(*) | 213 | 45.7 | 139 | 25.5 | 88 | 21.6 | 38 | 15.9 | 478 | 28.8 |
| Total | 466 | 100 | 546 | 100 | 408 | 100 | 239 | 100 | 1659 | 100 |

**Fonte e elaboração: DIEESE**[70]

(*)Esta é uma participação fixada em valor fixo independente de quaisquer metas. Juridicamente ela não pode ser considerada como PLR, ainda que seja paga sob este título.

As razões dessa preferência são múltiplas. A Constituição Federal, ao disciplinar a PLR, não deixa dúvidas de que esta é coisa diversa da cogestão. São institutos distintos. No primeiro caso, fixa-se um percentual dos lucros a ser distribuído aos trabalhadores, ou ainda, estabelecem-se metas que, se cumpridas, dão direito ao pagamento de certa quantia. No segundo caso (excepcional na ordem jurídica brasileira), estabelecem-se diferentes formas de intervenção dos trabalhadores na gestão da empresa. Pode-se dar com a "existência de um consentimento prévio entre os órgãos de representação dos trabalhadores e a empresa, (...) o direito de veto dos mecanismos de representação em determinadas matérias, (...) a gestão direta e autônoma de algumas atividades específicas

pelo empregador, sem anterior negociação pelas entidades representativas da categoria dos empregados, que de qualquer forma, somente foram cientificadas, no sentido estrito do termo, da realização do pagamento. Não houve, no caso, a tônica das negociações coletivas, que é a deliberação conjunta acerca de determinado assunto, cujo resultado são as cláusulas normativas por meio das quais as partes transigem e renunciam às suas pretensões, com vistas a conclusão de um conjunto de normas que passam a integrar os contratos de trabalho. Assim sendo, de participação nos lucros não se trata, ainda que como tal rotulada pela empresa." (TRT-PR-01300-2000-654-09-00-6-ACO-00504-2004, Rela. Sueli Gil El-Rafihi, pub. no DJPR de 23.1.04)

(70) DIEESE, *op. cit.*, p. 15.

(como obras sociais), (...) pela representação dos trabalhadores ou sindicatos nos órgãos diretivos das empresas"(71). Enfim, há nestes casos, ao contrário da situação contratual pura, uma possibilidade de decisões compartilhadas.

Ocorre que as fronteiras entre as duas situações (PLR e cogestão) podem não ser tão nítidas quanto a análise teórica procura transparecer. Alguns autores reconheceram tal fato, entendendo que a Participação na Gestão é pressuposto para que haja a Participação nos Lucros. Sem aquela, esta seria simplesmente letra morta e não poderia se diferenciar de uma gratificação ou abono, já que estariam tolhidos os meios de se averiguar se os dados constantes dos balanços são ou não verídicos. Esta é a posição de *George Scelle*, para quem "a participação nos lucros exige também a participação do elemento trabalhador não só no controle dos resultados financeiros da empresa, mas também na gestão de sua política comercial e financeira (...) enquanto este controle não se organizar, a participação nos lucros há de afigurar-se como uma simples esmola e provocará uma série de desconfianças de uma classe social afeita a considerar-se ludibriada"(72). Também *Barassi* considera que "o trabalhador está muito longe da gestão da *azienda* para que não tenda a considerar a participação nos lucros como uma gratificação não obrigatória"(73).

Embora tais posições possam ser questionáveis sob o ponto da distinção doutrinária, elas certamente apontam para uma questão real: a possibilidade de a instituição da Participação nos Lucros vir a propulsionar a reivindicação da instauração de mecanismos de cogestão, ou ainda, mesmo que não sejam implantados tais mecanismos, a negativa por parte da empresa pode acabar se tornando uma fonte de desconfiança para os trabalhadores, o que redundaria na perda de todo o potencial conciliatório visado pelo empresariado ao instituir a participação.

Com relação ao estímulo ao desempenho e à maior produtividade dos trabalhadores, a Participação nos Lucros possui outros inconvenientes. É que a relação entre envolvimento com o trabalho e obtenção de lucro pela empresa não é automática. O coeficiente de lucro envolve variáveis que estão muitas vezes distantes do cotidiano do trabalhador: situação do mercado, preço dos insumos, variações cambiais, valor dos tributos, etc. Portanto, se o trabalhador não consegue fazer uma conexão direta entre o aumento de seu esforço e o benefício a ser auferido ao final do exercício, dificilmente se conseguirá um ganho no engajamento. Sem o controle sobre as variáveis envolvidas é possível que o efeito em termos de produtividade seja ínfimo.

Já a Participação nos Resultados pode ser um instrumento muito mais efetivo como forma de gestão, sem alguns dos infortúnios relacionados à Participação nos Lucros; mais do que isso, ela pode ser perfeitamente acoplável às diversas inovações organizacionais implantadas a partir da década de 1990 nos setores mais dinâmicos da economia brasileira. A valorização do trabalho em equipe, da polivalência, da criatividade dos trabalhadores, a diminuição dos cargos intermediários (com certa horizontalização das organizações), a assunção de atividades administrativas pelo "chão de fábrica", a substi-

(71) SIQUEIRA NETO, *op. cit.*, p. 175-176.

(72) SCELLE, George. Droit Ouvrier, 1929, p. 193, *apud* BATALHA, *op. cit.*, p. 93.

(73) BARASSI, Lodovico. Il Diritto del Lavoro, III, 1949, p. 33, *apud* BATALHA, *op. cit.*, p. 93.

tuição de parte da vigilância pelo autocontrole, a introdução de programas de qualidade total, etc., são todos aspectos não só compatíveis, mas que podem ser impulsionados pela implantação da Participação nos Resultados.

Isso porque podem ser incluídas metas ligadas à qualidade do processo de trabalho e dos produtos ou que introduzam certo número de sugestões relativas ao trabalho a serem dadas por cada empregado. Pode-se também estipular metas por equipe, estimulando essa forma de trabalho e impulsionando a emulação entre as diversas equipes, ou, ainda, fixar um número de habilidades necessárias para que o trabalhador tenha direito ao resultado. Tudo isso contribui para facilitar o objetivo de redução dos níveis hierárquicos, já que a persecução do objetivo passa a ser algo interno ao sujeito, diminuindo-se a necessidade da figura do feitor ou inspetor.

Ao contrário do que ocorre com a Participação nos Lucros, o engajamento dos trabalhadores, individualmente, por equipe, ou mesmo de toda a empresa, é mais facilmente visualizado como o fator que desencadeia ou não o recebimento da parcela. A interpelação do sujeito é mais direta e por isso a recente atenção que se dá à Participação nos Resultados como abrindo novas possibilidades de gestão do trabalho.

No terceiro e último capítulo pretende-se analisar como a PLR vem sendo utilizada no âmbito das montadoras de automóveis da RMC. Como a implantação da participação interage com as formas de gestão dessas empresas, quais os seus possíveis efeitos sobre a forma de se trabalhar e de se compreender o trabalho.

# Capítulo III

# PLR Como Ferramenta Gerencial Estratégica: Subordinação e Subjetividade Flexível na Indústria Automobilística da RMC

## *1. PARTICIPAÇÃO NOS LUCROS OU RESULTADOS: MUDANÇAS NA FORMA DA SUBORDINAÇÃO E SUBJETIVIDADE*

*Bourdieu*, em seu breve texto intitulado “A dupla verdade do trabalho”(1), traz contribuições consideráveis para o que se pretende abordar neste capítulo. O autor trata das ambiguidades, das incongruências frequentes entre a verdade objetiva e subjetiva do trabalho, do dilema que faz do trabalho assalariado coerção, subordinação e exploração, mas, também, “razão de ser”, fonte de investimento subjetivo e de ganhos simbólicos. Essa tensão implica um problema teórico de difícil solução relativo à metodologia de abordagem da subjetividade dos trabalhadores, principalmente quando o enfoque não prescinde de uma visão estrutural do capitalismo baseada em relações de dominação. O perigo é que a subjetividade seja compreendida simplesmente a partir daquilo que lhe falta, que a separa de sua plenitude. Perder-se-iam assim os aspectos positivos de sua expressão e as possibilidades de se tentar compreender como as manifestações subjetivas interagem realmente com o fato objetivo da exploração.

(1) BOURDIEU, Pierre. *Meditações pascalianas*. Rio de Janeiro: Bertrand Brasil, 2001. p. 247 a 251.

O modo como *Bourdieu* trata dessas incongruências traz algumas contribuições para a análise específica deste capítulo, incluindo a forma de abordagem da subjetividade. Para ele, o esforço teórico capaz de tornar inteligível o trabalho assalariado em sua realidade objetiva fez com que fosse esquecido o fato de que, na maioria das situações, os trabalhadores não sentem o trabalho integralmente como exploração, pelo contrário, as situações em que trabalho e exploração coincidem completamente são situações anormais. Por isso,

> *o investimento no trabalho, logo o desconhecimento da verdade objetiva do trabalho como exploração, que leva a encontrar no trabalho um ganho intrínseco, irredutível ao mero rendimento em dinheiro, faz parte das condições reais de consecução do trabalho e da exploração. (...). Assim, o que é mais 'subjetivo' e 'pessoal' na aparência faz parte integrante da realidade que a análise deve dar conta em cada caso mediante modelos capazes de integrar as representações dos agentes as quais, ora realistas, ora frequentemente ficticias, outras vezes fantásticas, mas forçosamente parciais, são sempre parcialmente eficientes*[2].

O autor, portanto, realiza o que denomina *dupla inversão*. Não se satisfaz com a inversão que simplesmente rompe com a verdade subjetiva a fim de construir o objeto de pesquisa. Busca uma segunda inversão que reinsira a subjetividade como fenômeno real, integrante da objetividade estudada. Dessa postura metodológica surgem algumas hipóteses sobre as ambiguidades do trabalho que abrem caminhos investigativos para a pesquisa aqui empreendida. Duas delas são especialmente elucidativas para o propósito deste trabalho: 1) "a verdade subjetiva está tanto mais afastada da verdade objetiva quanto maior é o domínio do trabalhador sobre o seu trabalho"[3]; 2) "nas situações de trabalho mais constrangedoras, como o trabalho em linha de montagem, o investimento no trabalho tende a variar em razão inversa à coerção externa do trabalho"[4].

Conforme foi afirmado acima, são *hipóteses* que os resultados das pesquisas empíricas (análise das entrevistas qualitativas com os trabalhadores, das formas de organização do trabalho nas indústrias automobilísticas pesquisadas e da gestão da remuneração) irão confirmar ou não, em maior ou menor medida. Cabe, no entanto, breve explicitação do significado dessas afirmações provisórias.

A proposição n. 1 (um) afirma que o espaço de liberdade proporcionado ao trabalhador no trabalho, aquele terreno em que ele aparentemente está livre da heteronomia do capital e em que pode tomar decisões (ainda que ínfimas e restritas) sobre como proceder e como empregar o seu saber-fazer, faz com que a experiência subjetiva se afaste da objetividade da exploração capitalista. Tal liberdade abre margem para que o investimento no trabalho se torne um móvel de distinções entre aqueles que detêm ou não determinadas habilidades, e, portanto, de diferenciações relativas ao *status*. Possibilita, ainda, uma concorrência pela apropriação de certas vantagens e privilégios simbólicos.

---

(2) *Ibidem*, p. 247-249.

(3) *Ibidem*, p. 248.

(4) *Ibidem*, p. 249.

A fala de um trabalhador da Volvo dá alguns indícios sobre essa situação.

> *É o que acontece lá também. Por serem equipes autogerenciáveis não têm um chefe. Então, você acaba tendo que arcar com as funções que não são suas. Você tem que fazer algo a mais, sempre algo a mais. Mas hoje, o que eu vejo aí nas empresas é que eles tão buscando profissional assim que é polivalente mesmo, que faça outras funções, até mesmo isso é ruim porque ao invés de você contratar mais pessoas, eles querem que os que tão contratados façam mais cursos, que daí eles não precisam contratar mais pessoas. O que eu penso disso aí, eu acho assim, eu tô novo, tô aprendendo, eu acho que quanto mais coisa você aprender, melhor. Então, quanto mais atividades você pegar, mais tarefas você pegar, você vai tá aprendendo com aquilo e alguém tá vendo também. Por exemplo, se tem lá um gerente que tá vendo você desempenhar bem o seu papel e ainda fazer outros papéis, então ele vê que você é uma pessoa polivalente e que você é esforçado e, futuramente, pode até te dar um cargo com responsabilidade a mais ou um cargo melhor, dependendo do seu desempenho. Então, hoje as empresas pegam, principalmente, profissional mais jovem, dão muita responsabilidade pra ele, jogam muitas coisas e vão avaliando a maneira que ele vai lidar com isso, que ele vai resolver os problemas e tal. A partir daquele momento que foi avaliado ali, ele pode pegar uma outra coisa melhor, um cargo melhor ou alguma coisa assim. Na verdade, eles tão testando os profissionais que eles têm*[5].

Num primeiro momento, a percepção do trabalhador sobre o sentido das chamadas equipes autogerenciáveis aponta para uma crítica. Ele se refere ao acúmulo de funções, à necessidade de se trabalhar mais e aos impactos negativos dessa situação sobre o emprego, já que a empresa deixa de contratar novas pessoas. Porém, ao longo de sua fala, começam a ficar nítidas as novas possibilidades advindas da situação. A polivalência valoriza o trabalhador, é vista como um elemento de diferenciação, de *status*, que pode vir a abrir portas para a ascensão profissional. Aquele que se mostra apto em resolver problemas e assumir novas responsabilidades passa a ter um diferencial ante os demais trabalhadores. A liberdade assumida em seu saber-fazer afasta o sentido de exploração e possibilita ganhos simbólicos.

A proposição n. 2 de *Bourdieu*, longe de ser inovadora, apenas complementa o que já fora expresso na anterior. Diminuindo-se a coerção externa tende-se a aumentar o investimento no trabalho. Por óbvio, sempre há o risco de a maior "margem de liberdade" constituir-se em possibilidade de não trabalho. Porém, é nesse ponto que entra a habilidade da gestão em transformar a "liberdade" em autocontrole e em autoexploração, de transferir atribuições "guardando para si o controle dos instrumentos do lucro"[6].

O tema da PLR, sob o enfoque que se pretende abordar, encontra-se na encruzilhada analisada por *Bourdieu*. Isto porque a forma como a PLR é encarada pelas organizações de trabalhadores (sindicatos, comissões de fábrica ou comissão negociadora da PLR) pode vir a reforçar a verdade objetiva da exploração e torná-la mais próxima da

(5) KAFROUNI, 2003. Entrevista n. 6 com Técnico em manutenção, jan. 2005.

(6) BOURDIEU, Pierre. *Op. cit.*, p. 250

verdade subjetiva dos trabalhadores. Isto pode se dar, em parte, quando os representantes dos trabalhadores invocam memórias de lutas, experiências de reivindicações e enfrentamentos, e veem na PLR instrumento de apropriação pelo trabalho de parcela expropriada pelo capital(7). Um exemplo dessa situação de antagonismo pode ser visualizado nas duas greves realizadas, em 2004 e 2005, na Volkswagen-Audi. Ambas tinham entre os principais pontos de pauta a elevação dos valores da Participação nos Resultados, situação que se afasta muito dos objetivos conciliatórios expressos na Lei n. 10.101 de 2000.

Por outro lado, a PLR pode contribuir para um incremento da dissociação entre a experiência subjetiva dos trabalhadores e a objetividade da exploração. Isto acontece quando ela possibilita uma reconfiguração da subordinação do capital ao trabalho, que transforma, em certa medida, a relação entre heteronomia e autonomia, dando ensejo à figura híbrida da "autonomia subordinada". A coerção direta se transfigura em metas de produtividade, qualidade, satisfação do cliente, etc., negociadas com a empresa pelos próprios representantes dos trabalhadores. A experiência subjetiva, neste caso, seria de uma sensação de liberdade e de autocontrole. O esforço individual ou de um determinado grupo propiciaria o alcance do objetivo previsto.

Entretanto, se essas duas possibilidades se apresentam como antitéticas no plano conceitual, certamente na realidade concreta elas não são tão discerníveis assim. Nem sempre as coisas da lógica correspondem à lógica das coisas. Será, portanto, por meio da análise concreta dos acordos que negociam a PLR no âmbito das montadoras da RMC, da análise da fala dos trabalhadores e de seus representantes sobre a experiência das metas, da verificação de como a regulação jurídica se transpassa para a realidade do trabalho e para as representações daqueles que trabalham e das experiências do próprio pesquisador advindas das visitas às empresas, que se procurará traçar a abordagem do tema.

Com o intuito de destrinchar as principais características dos acordos de PLR da Volkswagen-Audi, da Renault e da Volvo serão analisados os aspectos considerados centrais, referentes aos acordos de cada uma das empresas. Os acordos das duas primeiras empresas serão tratados em um item comum devido às similaridades. Já os acordos da Volvo, em virtude das particularidades, serão tratados em item próprio.

### *1.1. Acordos Coletivos de PPR(8) — Volkswagen-Audi e Renault*

As análises deste item baseiam-se no estudo dos acordos coletivos de PPR da Volkswagen-Audi e da Renault firmados de 2002 a 2005. Enfatizam-se, sobretudo, os acordos mais recentes (2005), ressaltando-se, quando se considera significativo, as diferenças com relação aos pactos dos anos anteriores, ou, ainda, a evolução de uma determinada meta ao longo desse período. Procura-se ultrapassar o aspecto formal e analisar as razões e os desafios que envolvem a negociação do tema pelos órgãos de representação dos trabalhadores (sindicato e comissões de fábrica), os impactos do PPR na esfera da produção e na percepção dos trabalhadores sobre sua atividade.

---

(7) Ainda que economicamente essa visão possa ser ilusória, ela produz efeitos reais e propulsiona a ação.

(8) Programa de Participação nos Resultados. Esta é a nomenclatura dada pela Volkswagen-Audi e Renault para a Participação nos Resultados, que é uma modalidade de PLR.

Como já indicado no próprio título deste item, o PPR é negociado por meio de acordos coletivos. Verifica-se, portanto, que uma característica central que marca as negociações de PLR no âmbito dos metalúrgicos é a negociação por empresa. Confirma-se, então, a discussão teórica feita no Capítulo II, que já apontava que as próprias características da PLR impulsionam essa forma de pactuação. A possibilidade de discutir o tema em sede de convenção coletiva é vista como algo inviável e as razões elencadas para isso são diversas. Em primeiro lugar, aponta-se que tal opção acabaria redundando num rebaixamento dos valores pactuados, isto porque nem todas as empresas teriam possibilidades de pagar segundo o patamar máximo do mercado. Mesmo entre as montadoras há diferenças de valores que impediriam uma homogeneização satisfatória. Mas a dificuldade seria ainda maior no setor de autopeças, em que há maior heterogeneidade entre as empresas. Ademais, perder-se-ia um dos grandes trunfos de que o sindicato dispõe no momento de convencer a empresa a negociar o PLR (Sindicato dos Metalúrgicos de Curitiba e Região). Um diretor do SMC expressa a questão da seguinte maneira:

> *Por que qual que é o nosso argumento pras empresas na hora da discussão da PLR? Ora, a PLR é bom pra vocês! Vocês vão ver aqueles indicadores que estão ruins e vão pautar aqueles como metas a ser atingidas pra melhorar o resultado, digamos. Esse é o argumento que a gente tem com as empresas. Então, as empresas colocam aqueles indicadores que estão ruins, pra procurar melhorar aqueles indicadores. Certo? Porque se você coloca a nível de Convenção aí tem que ser os mesmos indicadores pra todo mundo, né. As mesmas metas pra todo mundo. E aí é complicado na nossa visão*[(9)].

A negociação por meio de Convenção Coletiva enfraqueceria o interesse das empresas em implantar a PLR como instrumento de gestão. A possibilidade de utilizá-la para correção de alguns indicadores com níveis considerados insuficientes restaria prejudicada e, consequentemente, a própria capacidade do sindicato de negociar o tema também o seria. A PLR *"é muito boa para os trabalhadores e ótima para a empresa. Porque a empresa disciplina um monte de coisas através da participação nos resultados"*[(10)]. Equalizar seria tornar rígido, justamente o contrário do que se espera de um expediente flexível como a PLR. Seu atrativo e sua capacidade "fantástica" de aglutinar interesses antagônicos estariam perdidos; ela funcionaria de forma similar a um abono ou como um "14º salário", algo que a tornaria muito aquém das possibilidades gerenciais controladoras e disciplinadoras.

Apesar do que foi exposto acima, permanece uma questão: ainda que os valores negociados por meio de convenção tendessem a ser inferiores, poderiam servir para fixar um patamar mínimo. Não havendo nenhum impedimento a que estes valores fossem suplantados por acordos coletivos, prevaleceria a norma mais favorável. Talvez esta solução fizesse pouca diferença para as negociações envolvendo as montadoras, pois todas elas já possuem um programa próprio de PLR. Porém, no setor de autopeças, a introdução do tema em convenção possibilitaria o pagamento da PLR em empresas que não a negociam em separado.

---

(9) CAMPINHO, Fábio. Entrevista n. 1 realizada com diretor do SMC (Sindicato dos Metalúrgicos de Curitiba e Região) em março de 2006.

(10) *Idem.*

Por fim, ressalta-se que a discussão relativa à preferência, tanto por parte do empresariado quanto por parte dos sindicatos, de negociar a PLR por meio de acordo coletivo não se restringe apenas à Volkswagen-Audi e à Renault. Esta é a forma de negociação vigente nas três montadoras analisadas. Portanto, ainda que se tenha optado por inserir essa discussão em um item específico, ela também é válida para as análises referentes à Volvo.

Quanto às partes signatárias dos acordos, em ambos os casos ele é firmado entre o sindicato e as respectivas empresas. Formalmente, portanto, optou-se pela negociação através do sindicato e não pela outra possibilidade legal, que prevê a formação de uma comissão de trabalhadores integrada por um membro do sindicato.

Esta situação, porém, possui algumas particularidades no caso da Volkswagen-Audi. Há no processo de negociação com esta empresa uma participação da comissão de fábrica, embora ela não seja signatária do acordo. A referida comissão é um órgão de representação interna dos trabalhadores, que faz parte da própria política da empresa e que existe em todas as plantas da Volkswagen no mundo. Segundo os relatos de membros do SMC (Sindicato dos Metalúrgicos de Curitiba e Região) e também de um diretor da referida comissão, ela tem participação ativa em todo o processo de negociação, atuando em conjunto com o sindicato. Só não há a subscrição no acordo. O procedimento diferencia-se daquele empreendido com a Volvo, cujas particularidades serão discutidas adiante. Neste último caso, a comissão de fábrica é signatária em conjunto com o SMC (Sindicato dos Metalúrgicos de Curitiba e Região). Tal diferença formal pode ser mais bem compreendida tendo-se em vista o histórico das duas comissões e as relações que ambas estabelecem com o sindicato. No caso da Volkswagen-Audi é facilmente perceptível uma situação de alinhamento entre a comissão de fábrica e o sindicato. Há diretores do sindicato advindos da referida comissão e a própria fala dos membros da representação interna denota certa indefinição das fronteiras entre ambas as entidades. É isso que se depreende da fala de um coordenador da comissão de fábrica, transcrita a seguir, segundo o qual as divergências são resolvidas dentro do sindicato:

> *Mas é assim, a gente tem essa atribuição dentro das negociações. Enquanto as opiniões estão convergindo nós participamos e a gente trabalha internamente para que continue assim (...) nós já tivemos situações de discordância com o sindicato e tudo, mas trabalhamos de forma coesa. Então as nossas discordâncias a gente resolveu dentro do fórum, dentro do sindicato (...). Como qualquer outra instituição o sindicato é feito de pessoas, e eventualmente discordam, né. Então dentro dessas discordâncias, a gente sempre resolveu elas dentro do fórum apropriado. Tá do Sindicato pra fora, nós trabalhamos sempre de forma coesa. E obviamente, administramos essas discordâncias da mesma maneira*[11].

Já no caso da comissão da fábrica da Volvo, cujas particularidades discutir-se-ão com mais detalhes à frente, a situação é diferente. Há uma clara preocupação em delimitar certas diferenças com relação ao sindicato. Tais conflitos se assentam na trajetória de alguns dos membros da comissão. Vários deles foram protagonistas da organização de uma oposição sindical metalúrgica no fim da década de 1980 e início da década de

---

(11) CAMPINHO, Fábio. Entrevista n. 2, realizada com coordenador da Comissão de Fábrica da Volkswagen-Audi em março de 2006.

1990 do século passado, disputaram eleições em 1986, 1989 e em 1992, perderam em todas as ocasiões, mas de certa forma desafiaram alguns dos dirigentes sindicais que se encontram na diretoria do sindicato dos metalúrgicos desde os anos oitenta até os dias atuais, como é o caso do atual presidente do sindicato, Sérgio Butka. Este é diretor do sindicato desde 1986, tornou-se presidente em 1990, foi reeleito sucessivas vezes e continua atualmente no cargo.

A trajetória de muitos membros da comissão da Volvo é, portanto, muito mais próxima das chamadas oposições sindicais, que deram origem ao novo sindicalismo e que foram base da formação da CUT, situação que faz com que haja maior identificação e, inclusive, interlocução com o Sindicato dos Metalúrgicos de São Bernardo, filiado à CUT, do que com o SMC (Sindicato dos Metalúrgicos de Curitiba e Região), ligado à Força Sindical. Tais diferenças parecem explicar a necessidade da comissão da Volvo em afirmar, inclusive formalmente, seu papel na negociação da PLR, situação que é desnecessária no caso da Volkswagen-Audi.

Isso não significa, no entanto, que a Comissão de Fábrica da Volkswagen-Audi não tenha nenhuma participação no processo de negociação. Embora pareça haver uma preponderância do sindicato neste processo, tanto os membros deste como os da comissão são unânimes em apontar a importância da atuação da representação interna. Esta relevância assenta-se na sua maior capacidade de acesso aos trabalhadores, bem como num melhor preparo para discutir determinadas metas setoriais, às quais geralmente o sindicato tem pouca ou nenhuma informação.

> *Então, quando a discussão envolve, e aí não só PLR, né, mas em todas as negociações referentes à Volkswagen, referentes aos trabalhadores, a Comissão de Fábrica trabalha de forma a levar mais para próximo do trabalhador essas informações. Então você participa da negociação, você opina, em alguns casos até coordena a negociação conforme a permissividade do sindicato, né? Conforme a confiança que o sindicato deposita também na Comissão de Fábrica. E você atua fazendo com que essa informação chegue de forma mais rápida, mais clara para o trabalhador. Uma vez que nós da comissão estamos mais próximos do trabalhador. A Comissão de Fábrica faz esse trabalho*(12).

Quanto maior a capacidade de discussão de aspectos técnicos relativos à produção, maior a importância da colaboração da comissão de fábrica.

> *Nós entendemos que tem que ter as duas coisas. Nós entendemos que tem que ter a Comissão e tem que ter o Sindicato participando. E, tanto é, que as empresas, nós queremos, nós exigimos que tenha a comissão porque é a comissão dos trabalhadores que conhece a parte técnica da empresa. A empresa vem com um indicador de PLR e, ah porque no setor tal eu tenho que melhorar isso. Eu desconheço isso, eu não conheço a fábrica. Certo. Então quem conhece isso é a Comissão*(13).

A complexidade dos acordos de PLR e a diversificação das metas fazem com que o sindicato tenha dificuldades em negociar e acompanhar o desenvolvimento de metas

---

(12) *Idem.*

(13) CAMPINHO, Fábio. Entrevista n. 1 realizada com diretor do SMC (Sindicato dos Metalúrgicos de Curitiba e Região) em março de 2006.

que sejam muito específicas. É mais fácil para o sindicato pactuar metas globais relativas ao volume de produção por exemplo, pois se tem acesso aos dados relativos ao volume de produção das montadoras, já que eles são disponibilizados pela ANFAVEA (Associação Nacional de Fabricantes de Veículos Automotivos). Isso facilita o processo de negociação. Porém, nos casos de metas setoriais ou departamentais, a dificuldade é maior. Nessa situação, a comissão pode contribuir fornecendo um histórico capaz de subsidiar a atuação do sindicato.

Os acordos da Volkswagen-Audi e da Renault são denominados PPR. São, portanto, programas de Participação nos Resultados, que não envolvem a discussão de lucros. Os argumentos dos membros do SMC (Sindicato dos Metalúrgicos de Curitiba e Região), e também da Comissão de Fábrica Volkswagen-Audi, que respaldam a opção por essa modalidade de participação são, em linhas gerais, os mesmos abordados no Capítulo II, que apontavam para um grande crescimento dessa forma de participação no Brasil, em detrimento das outras possibilidades legais (a Participação nos Lucros e a Participação Mista, que mescla lucros e resultados). Das três montadoras analisadas, só a Volvo possui um programa de participação sobre os lucros, o que faz desta empresa um caso à parte.

As razões da escolha pelos resultados são múltiplas. Em primeiro lugar, aponta-se que as montadoras nunca afirmam estar tendo lucros. Dos depoimentos dos representantes dos trabalhadores apreende-se que tal situação não deixa de ser uma fonte de perplexidade e desconfiança (*"As empresas sempre estão no vermelho, ou sempre dizem que estão no vermelho"*[(14)]). Entretanto, fica claro que tanto o sindicato como a comissão de fábrica da Volkswagen-Audi não se consideram capazes de averiguar a veracidade das informações disponibilizadas pela empresa. Em segundo lugar, aponta-se para os riscos de uma participação com base nos lucros: as oscilações de demanda, a cotação do dólar, as crises econômicas, tudo isso pode vir a alterar as taxas de lucros, inclusive com a possibilidade de que não haja nenhum tipo de distribuição ao final de um determinado exercício contábil. Já no caso de resultados, haveria maior segurança.

> *Participação nos resultados torna a discussão, nesse aspecto, mais atrativo para o trabalhador. Porque resultado é uma coisa muito clara. Resultado é o quê? É você estipular metas e alcançar as metas. Então eu estipulei uma nota audit, eu estipulei um volume de produção, eu estipulei uma média de absenteísmo, eu atingi isso, então eu tive um resultado positivo. Compreende? Então eu estipulei as metas e alcancei. Resultado positivo*[(15)].

O controle sobre as variáveis transparece como um aspecto de suma importância, que faz do PPR especialmente atrativo. Além disso, deve-se lembrar que a pactuação da participação representa um risco para o sindicato e, também, para as comissões de fábrica. O tema já está consolidado no cotidiano dos trabalhadores das montadoras. O valor, embora desvinculado da remuneração e, portanto, passível de

---

(14) CAMPINHO, Fábio. Entrevista n. 1 realizada com diretor do SMC (Sindicato dos Metalúrgicos de Curitiba e Região) em março de 2006.

(15) CAMPINHO, Fábio. Entrevista n. 2 realizada com coordenador da Comissão de Fábrica da Volkswagen-Audi em março de 2006.

ser suprimido, já é dotado de certa previsibilidade. Isto porque desde a implantação da PLR, nas três montadoras, ocorreram sucessivos reajustes, sempre em patamares muito acima dos reajustes salariais. Só entre 2003 e 2005 o valor estimado para pagamento de PLR saltou, na Volkswagen-Audi, de R$ 2.000,00 para R$ 3.600,00, representando um aumento de 80%. Na Renault, a evolução nesse mesmo período foi um pouco menor, subindo de R$ 2.100,00 (2003) para R$ 3.000,00 (2005), o que equivale a 42%. Portanto, em ambos os casos, o aumento é muito superior aos acréscimos decorrentes da negociação salarial, que no mesmo período pouco superaram o INPC.

O que se quer dizer é que a expectativa não é condicionada pela classificação jurídica, mas sim pelo fato de se receber crescentemente durante diversos anos consecutivos. É comum que os trabalhadores comprometam os valores percebidos a título de PPR até mesmo antes do recebimento das parcelas, fato que o afasta, pelo menos sob o ponto de vista subjetivo, de uma parcela não sujeita ao princípio da habitualidade.

Tal situação traz um grande risco para os negociadores. A frustração de expectativas pode acarretar um desprestígio político dos representantes. Por isso a importância do controle das variáveis, domínio este que na participação nos lucros é muito mais difícil de ser alcançado. Em consequência disso, tem-se "*preferência por aquelas metas que o trabalhador pode fazer o resultado*"(16).

As metas estipuladas nos acordos coletivos da Volkswagen-Audi e da Renault tratando de PLR são de três tipos. Os acordos analisados são os de 2002, 2003, 2004 e 2005, podendo-se perceber que houve certa constância nos indicadores utilizados. Além disso, é evidente a semelhança na estrutura dos acordos pactuados com as duas empresas.

A descrição que aqui se segue refere-se aos acordos de 2005, embora os traços gerais relativos à organização das metas sejam os mesmos dos acordos dos anos anteriores. As mudanças são principalmente quantitativas (variação dos índices a serem atingidos) e não qualitativas (mudanças de critérios). Há nos pactos coletivos das duas empresas uma divisão em metas globais, departamentais e individuais.

No acordo com a Volkswagen-Audi, entre as metas globais estão incluídas uma relativa ao volume de produção e outra referente à nota de qualidade dos veículos, denominada *audit*, cujo índice é utilizado mundialmente para a apuração da qualidade dos carros produzidos pelo grupo Volkswagen. Juntas, elas correspondem a um percentual de 60% do valor total da PPR. No acordo com a Renault há uma meta global relativa ao volume de produção (30%) e outra à participação no mercado (10%).

Em segundo lugar, há as metas específicas relacionadas a cada setor ou departamento da empresa. No acordo da Volkswagen-Audi há metas relativas ao setor de finanças, de logística, de qualidade, de recursos humanos, de engenharia de manu-

---

(16) CAMPINHO, Fábio. Entrevista n. 1 realizada com diretor do SMC (Sindicato dos Metalúrgicos de Curitiba e Região) em março de 2006.

fatura, de engenharia do produto, de estamparia, de armação, de pintura e de montagem. Seu valor corresponde a 30% do valor máximo a ser pago.

Já no acordo da Renault há uma divisão em três setores — industrial, comercial e de suporte e Mercosul —, sendo que tais metas correspondem a 60% do total.

Por último, há as metas individuais relativas ao absenteísmo. Na Volkswagen-Audi este é um indicador específico e possui um peso de 10%. No caso da Renault, ele funciona apenas como redutor dos demais indicadores; por exemplo, quem tem entre 3 e 6 faltas recebe 95% do valor da PPR.

Em ambos os casos o volume de produção está incluído entre as metas globais. A fixação desse indicador, por um lado, traz para o sindicato e para a comissão de fábrica certa facilidade. É que, como já foi dito, seu histórico e seu desenrolar é de fácil acesso devido ao fato de ser disponibilizado pela ANFAVEA. Além disso, sua apreensão material é menos complexa, pois diz respeito ao total de veículos produzidos em um determinado período. Já sob o ponto de vista da empresa é uma meta estratégica, pois mantido o mesmo número de trabalhadores e o mesmo tempo de trabalho, ela indica a evolução da produtividade do trabalho; é de fácil dimensionamento para o sindicato e também fulcral para as empresas. Essa meta se associa com uma técnica típica do ohnismo ou toyotismo denominada "administração pelos olhos".

Trata-se de um ponto em que a estipulação de metas formalizadas sob o aspecto jurídico penetra de forma evidente o espaço da produção, de um expediente que se apresenta no cruzamento do direito com a realidade daqueles que trabalham. No âmbito jurídico, os legitimados para a pactuação da PLR firmam um acordo sujeito aos procedimentos fixados na Lei n. 10.101/2000. Dentre os escopos da referida lei está o "incentivo à produtividade" (art. 1º). Porém, entre a lei e o cotidiano fabril há um fosso. Não há garantia alguma de que os mecanismos jurídicos darão ensejo a uma maior extração de trabalho; não há qualquer certeza ou conexão causal que torne evidente a passagem do direito ao engajamento subjetivo dos trabalhadores.

Porém, alguns departamentos de recursos humanos de setores de ponta da economia percebem claramente que a PLR pode ser muito mais do que um expediente de redução dos custos do trabalho com a substituição de aumentos salariais por parcelas desvinculadas da remuneração. Pode, se associada a técnicas de gestão "eficazes", ser também uma forma de "motivação", uma técnica capaz de tornar os corpos mais produtivos e, portanto, de incremento da mais-valia relativa.

No caso das metas relativas ao volume de produção, isso se dá da seguinte maneira: há, em diversos pontos da linha de montagem, painéis que indicam o número de carros que devem, de acordo com as metas, ser produzidos naquele turno e a estimativa de quantos serão efetivamente produzidos caso se mantenha a velocidade da produção daquele exato momento[17].

---

(17) A observação de tais placas, que em muito lembram o sistema *Andon* da Toyota (sistema de semáforos que indicam o ritmo da linha), foi feita em visitas à Volkswagen-Audi e à Volvo, organizadas pelo GETS (Grupo de Estudos de Trabalho e Sindicalismo). O mesmo expediente é, segundo relato oral de trabalhadores, utilizado na Renault.

## TABELA 5 — PAINEL LUMINOSO DA FÁBRICA DA VOLKSWAGEN-AUDI — PLATAFORMA 1

| Setor | 1 | 2 | 3 | 4 | 5 | 6 | Pausa | Parada Técnica |
|---|---|---|---|---|---|---|---|---|
| Tendência | 288 | | Tendência do Momento | | 60 | | | |
| Planejamento | 291 | | Realizado | | 57 | | | |

Fonte: **KAFROUNI, Maria Ângela Sant`anna.** *Participação nos lucros e resultados na indústria automobilística do Paraná:* um sistema de trocas para além das mercadorias. Curitiba, 2005, 157 p. Dissertação, Departamento de Pós-Graduação em Ciências Sociais, UFPR, p. 79.

No caso do quadro acima há uma meta de produção de 291 carros para um determinado turno de trabalho. No exato momento em que se observa o painel, já foram montados 57 carros. Porém, verifica-se neste mesmo instante que a produção está atrasada. A proporção correta de 291 para um determinado tempo de trabalho é 60, e não 57. Deve-se aumentar o ritmo para que se cumpra a meta do turno. É este tipo de "informativo" que fica diante dos olhos do trabalhador durante toda a jornada, um verdadeiro *managment by stress.*

Os painéis acima descritos são um ponto de ligação entre as formas jurídicas e a produção. A meta relativa ao volume de produção é dividida por dia de trabalho e por turnos, de maneira que aquilo que foi firmado por meio de acordo coletivo transpareça, torne-se visível de forma instantânea para cada trabalhador na linha de produção. Mas, ainda assim, permanece uma questão: como saber se a onipresença do painel é realmente móvel de engajamento subjetivo? Se sua visibilidade produz "motivação" aos sujeitos que trabalham?

Essas perguntas são importantes porque se relacionam com um aspecto central desta pesquisa, que é a tentativa de compreensão de possíveis transformações na forma de subordinação do trabalho ao capital, que apontariam para um deslocamento da vigilância hierárquica, típica do poder diretivo tradicional, para formas de controle menos rígidas, baseadas mais em metas do que na disciplina dos movimentos. As metas, nesse sentido, substituiriam outros elementos de coação ligados à própria divisão do trabalho, à maquinaria e ao poder de mando do empregador. A empresa ganharia um feitio mais horizontal e a hierarquia daria lugar ao autocontrole, ainda que com a manutenção em mãos dos estratos superiores dos elementos estratégicos referentes à reprodução do capital. Porém, a pesquisa empírica possibilitou a percepção de certos elementos desprezados nessa análise teórica genérica, os quais talvez se devam às particularidades do objeto estudado.

Algumas falas relativas à Volkswagen-Audi dão uma ideia de como não é tão evidente que essa forma de "administração pelos olhos" represente um grande impulso ao engajamento subjetivo no trabalho. É o caso de uma fala de um diretor do SMC (Sindicato dos Metalúrgicos de Curitiba e Região), ex-membro da Comissão de Fábrica da Volkswagen-Audi.

*Eu vejo assim. Com relação ao ritmo de produção diária, o trabalhador acho que não fica nem muito preocupado com a questão da PLR. Ele fica mais preocupado com a sua própria integridade física do que com a PLR em si. Certo! Esse é o nosso ponto de vista com relação a isso. Porque o trabalho lá é muito puxado e não dá, não tem espaço assim para o trabalhador fazer operação tartaruga. É muito complicado, porque ou todo mundo deixa de fazer e o carro deixa, para de ser montado, ou o cara tem que fazer. Porque a linha tem uma velocidade constante. É claro que alguém pode ir lá e diminuir a velocidade da linha, certo? Ou aumentar a velocidade da linha, mas aí todo mundo tem que acompanhar o ritmo que é imposto. Então eu acho que o trabalhador não fica tão preocupado com essa questão em si da produção, com relação ao resultado da PLR em si. Fica mais preocupado com a questão da própria saúde dele, da segurança dele mesmo. Acho que essa preocupação é maior*[(18)].

Aqui retoma-se uma das hipóteses propostas por *Bourdieu*: a de que o investimento no trabalho tende a ser inversamente proporcional à coerção externa. Para que as metas funcionem como fator motivacional capaz de ensejar um acréscimo no engajamento subjetivo, é preciso que haja uma margem de autonomia. Quanto menor for a possibilidade de que os indivíduos que trabalham venham a "fazer a diferença", mais difícil será o comprometimento efetivo com as metas. O autocontrole daqueles que por si só perseguem resultados exige que haja uma esfera de decisão, pressupõe opções, ou ao menos a ilusão de que tais opções são possíveis. Porém, parece não ser essa a realidade na Volkswagen-Audi. Nos dizeres de um entrevistado, "*não é a PLR que vai fazer você trabalhar mais ou trabalhar menos lá dentro. Na minha avaliação não tem espaço pra isso*"[(19)].

A cadência da linha, imposta quase sempre no limite das possibilidades de dispêndio da força de trabalho, faz com que o operário se preocupe mais em acompanhar o ritmo e se manter são, do que em atingir as metas. Nesse sentido, as modificações relativas à forma de gestão do trabalho, com a implantação dos times, das reuniões entre os seus membros, a redução dos níveis hierárquicos, etc., não afastam o caráter radicalmente hetorônomo do trabalho. Nesse caso, parece não haver um real deslocamento na forma de subordinação. Os painéis luminosos que indicam as metas do turno e o seu desdobramento em tempo real podem até representar um acréscimo capaz de somar um elemento novo aos mecanismos de subordinação já estabelecidos, mas, de forma alguma, representam um novo paradigma capaz de alterar profundamente as formas tradicionais de domínio advindas do fordismo. Destoar da frequência imposta é menos um risco de perder a PLR do que de perder o emprego.

Outra questão importante refere-se ao constante aumento das metas de produção. Na Volkswagen-Audi isto é patente. Em 2003 a meta era a produção de 94.000 veículos; em 2004, 150.000 veículos; e em 2005, 210.465 veículos[(20)]. Em três anos as metas cresceram mais de 100%, o que aponta para o risco de PPR estar impulsionando, junta-

---

(18) CAMPINHO, Fábio. Entrevista n. 1 realizada com diretor do SMC em março de 2006.

(19) *Idem.*

(20) Segundo informações do SMC, a meta do ano de 2005 foi superada com a produção de aproximadamente 220.000 veículos.

mente com outros fatores, uma grande intensificação do trabalho. O sindicato nega tal situação, apontando outros elementos que possibilitaram o crescimento dessas metas, constando, entre eles, o funcionamento de um terceiro turno e a contratação de novos trabalhadores. Essa posição baseia-se no seguinte quadro.

## TABELA 6 — PRODUTIVIDADE — CARROS/TRABALHADOR/MÊS — VOLKSWAGEN-AUDI (MÉDIA DE PRODUTIVIDADE POR ANO)

| Ano | Média de carros produzidos por trabalhador por mês |
|---|---|
| 2001 | 4.46 |
| 2002 | 5.02 |
| 2003 | 4.32 |
| 2004 | 4.63 |

**Fonte: SMC, 2006**

*recortes de fragmentos realizado pelo autor.

* a partir de abril de 2005 a empresa deixou de disponibilizar esses dados ao sindicato.

A média de produtividade de cada ano foi apurada levando-se em conta o valor da produtividade em cada mês. Conclui-se, a partir dos dados, que embora o volume de produção tenha aumentado substancialmente no período abrangido pela tabela, não há aumento linear da produtividade, o que indica que esse aumento não se deu à custa de uma intensificação do trabalho, mas, sim, de outros fatores, como a abertura de um novo turno e a contratação de novos empregados. Vê-se, porém, que o quadro possui uma insuficiência. É que a produtividade é medida por mês, e não por hora, o que certamente afeta a média anual. Tal fato dificulta a identificação da real intensidade do trabalho, já que podem estar sendo comparados meses em que as jornadas tiveram extensões variadas. Tal situação agrava-se ainda mais com o fato de a empresa utilizar-se dos mecanismos de compensação de jornada.

Já no caso da Renault, não foi possível constatar um aumento linear no volume de produção pactuado. Em 2002, a meta necessária para o atingimento do valor máximo do PPR era de 84.500 veículos; em 2003, de 79.000; em 2004, de 92.000; e em 2005, de 85.000. Isso indica que a meta está relacionada mais com as variações da demanda do que com a busca de aumento da produtividade.

A segunda meta global presente no acordo da Volkswagen-Audi é a de qualidade *audit*. Provavelmente essa seja a meta mais controversa entre trabalhadores e representantes destes. Trata-se de um índice de qualidade dos veículos apurado pela Volkswagen, a partir de parâmetros mundiais estabelecidos pelo grupo. É

> *uma criteriosa inspeção dos veículos produzidos (tanto protótipos como da linha de montagem), tendo-se como parâmetro o ponto de vista do cliente final (ou seja, o que se presume que um consumidor espera ao adquirir um veículo). Durante a inspeção, anotam-se os defeitos conforme seu grau de severidade: coisas simples (exemplo: um friso com uma das pontas ligeiramente solta) recebem pequenos pontos; se for algo mais grave (exemplo: um mau alinhamento da tampa do porta-malas), a pontuação é maior.*

*Desta forma, quanto menor for o audit, melhor terá sido o desempenho do veículo na inspeção e, portanto, maior a qualidade percebida pelo cliente final, constituindo um indicador objetivo de qualidade. O objetivo constante é a redução deste índice*(21).

No entanto, a objetividade e a efetiva correlação com a satisfação do cliente são questionadas tanto pelos trabalhadores quanto por seus representantes. A aferição dessa meta tem sido muito conturbada e os trabalhadores têm tido constantes insucessos em alcançá-la. O argumento do sindicato e da comissão de fábrica, neste aspecto, coincide plenamente. A meta, segundo eles, não revela a situação do carro em sua globalidade. Os critérios utilizados pelo inspetor de qualidade não teriam relação direta com a satisfação do cliente, mas seriam tão detalhistas que abrangeriam aspectos superficiais do carro dificilmente observáveis pelo consumidor, como "defeitos" que sob o ponto de vista dos trabalhadores seriam insignificantes, incapazes de alterar a qualidade e a segurança dos veículos. O argumento é que o ônus recai apenas sobre o trabalhador, já que a empresa não vai vender o carro a um preço inferior devido a tais defeitos.

Difícil e incabível aqui entrar no mérito da discussão. Aponta-se apenas como as exigências de qualidade são experimentadas de forma diferenciada pelos sujeitos que participam do mundo da produção e do mundo do consumo. O que de um lado é ônus, de outro é bônus.

Porém, dessa divergência em torno das metas de qualidade pode-se analisar outra questão, que é a experiência da derrota no alcance das metas. Neste caso, é perceptível que as metas de PLR envolvem algo mais do que o ganho econômico. É no momento do fracasso que isso transparece com maior clareza.

Ainda que o valor recebido atinja a previsão estipulada no acordo, caso haja insuficiência em um dos indicadores há frustração por parte dos trabalhadores. Como diz um coordenador da comissão de fábrica: "*não é o valor, mas é a sensação que ele deixa*"(22). Em 2005, por exemplo, grande parte dos trabalhadores da Volkswagen-Audi recebeu o valor máximo de R$ 3.600.00, ou uma quantia próxima. Mas isso não se deu porque todas as metas foram atingidas, mas porque algumas metas, como a de volume de produção, foram suplantadas. Compensaram-se assim as perdas referentes à qualidade e a algumas metas departamentais. Teve-se, portanto, o ganho econômico, mas não o ganho simbólico. O investimento subjetivo parece ser negado. Os laços entre trabalhador e empresa se esgarçam e o impulso motivacional almejado com a implantação da PPR se perde. Em vez da coordenação de interesses e da criação de laços comunitários e corporativos entre capital e trabalho, criam-se desconfianças, sentimentos de ruptura de vínculos. Tudo isso destoando das visões gerenciais mais entusiásticas.

No caso da Renault, a segunda meta global é a participação no mercado, estando a qualidade inserida entre as metas setoriais. O objetivo de aumento da fatia no mercado nacional é tipo de meta com ínfima relação com o cotidiano do trabalho industrial. Os

(21) DI SERIO, Luis Carlos. Tecnologia, inovação e competitividade: o caso Volkswagen do Brasil. Disponível em <http://www.fgvsp.br/academico/professores/Di_Serio/VW.doc>. Acesso em 20 mar. 2006.

(22) CAMPINHO, Fábio. Entrevista n. 2 realizada com coordenador da Comissão de Fábrica da Volkswagen-Audi em março de 2006.

trabalhadores engajados com a fabricação de veículos nada podem fazer para alterar esse quesito. Trata-se de meta muito mais conectada com as estratégias do setor comercial da empresa, o que a torna praticamente inoperante em termos de propiciar maior engajamento e motivação.

Há, nos acordos referentes a ambas as empresas, um segundo bloco de metas composto por indicadores departamentais. Trata-se de um complexo conjunto que inclui diferentes indicadores, conforme o setor da empresa. A tabela 4 abaixo discrimina as metas departamentais fixadas no âmbito da Volkswagen-Audi.

## TABELA 7 — METAS DEPARTAMENTAIS — VOLKSWAGEN-AUDI — 2005

| Indicador | Setor |
|---|---|
| *scrap cost* (*material losses*) e golpes eficazes | Estamparia |
| *Scrap cost* e EWH/U — Fox | Armação |
| custos fixos por unidade e EWH/U — Pintura | Pintura |
| *scrap cost* (*material losses*) e EWH/U — Total | Montagem |
| custos fixos por unidade e custos logísticos | Finanças |
| custos fixos por unidade e custos logísticos | Logística |
| custos fixos por unidade e PKO Fox | Engenharia do produto |
| satisfação do cliente Golf/Fox e VDA 6.3. | Qualidade |
| custos fixos por unidade e satisfação com serviços de RH | Recursos humanos |
| horas extras e *utilities consumption per unit.* | Metas específicas para Engenharia de manufatura |

**Fonte: SMC. Acordo Coletivo Volkswagen-Audi, 2005.**
Elaborado pelo autor

Na Renault todas as metas setoriais referem-se à qualidade. No entanto, a meta de qualidade varia conforme o setor. No setor industrial, ela é medida pela média V1 e também pelo volume de refugo (PPM). No primeiro caso, trata-se de um índice que apura o "defeito de qualidade grave, que pode impedir a entrega de um carro ao cliente"[(23)]. A mensuração é feita por auditores do serviço de qualidade, segundo critérios internacionais da empresa. No segundo, considera-se a quantidade de partes por milhão de rejeitos, avaliando-se a perda de material e de trabalho. Já no setor

(23) Acordo Coletivo/PPR, Renault, 2005.

comercial são fixadas outras metas, como a taxa de retorno à oficina de revenda (TR), a qualidade de serviço de oficina (QSO) e a qualidade de veículos novos (QVN).

Nos acordos coletivos não constam descrições do funcionamento de cada uma das metas setoriais, nem dos meios de aferição das mesmas. Sabe-se, entretanto, que é justamente neste ponto que há maior dificuldade de atuação por parte do sindicato, pois o dimensionamento e o acompanhamento das mestas são mais complexos devido às especificidades. Além disso, alega-se que alguns desses indicadores acabam transferindo para os trabalhadores a responsabilidade sobre questões das quais eles têm pouca ou nenhuma ingerência. Este seria o caso dos custos fixos por unidade (acordo coletivo Volkswagen-Audi, 2005), que dependeriam de fatores externos à atividade do operário.

Outra questão interessante diz respeito às metas de redução de refugos. É comum que, para cumpri-las, os operários se utilizem de certos artifícios ardilosos. Enchem-se os bolsos com parafusos, porcas, etc., para que tais sucatas não sejam contabilizadas no PPR. Trata-se de artimanha para driblar a ordem prescrita do trabalho; são situações de que a simples análise da regulação jurídica do trabalho não dá conta. Nesse caso, é perceptível que há uma cumplicidade de grande parte dos trabalhadores do setor, contando, algumas vezes, com a ciência dos níveis hierárquicos intermediários. Estabelece-se uma espécie de solidariedade transgressora que visa a propiciar o alcance das metas de redução de refugos. É interessante notar a alegria e o orgulho com que alguns trabalhadores relatam tais atos. Se por um lado há certo medo de que o procedimento seja notado, por outro o prazer do sucesso é nítido na forma debochada com que alguns deles relatam a façanha.

Nenhuma das duas empresas possui um sistema de metas que tenha como parâmetro a atividade das equipes de trabalho[(24)]. A Volkswagen-Audi, segundo o depoimento do gerente de recursos humanos, tem a intenção de implantá-las futuramente, algo que seria parecido com o que já ocorre na Volvo, em que há metas relativas às equipes autogerenciáveis. O obstáculo que subsiste para tal inovação está na insuficiente capacidade de controle, por parte da gerência, sobre as atividades dos times.

> *Obviamente que o nosso desejo, estamos construindo isso ao longo dos anos, é conseguir chegar aos times, ou seja, cada time terá o seu indicador e a sua meta e poderá ter mais ou menos ganho em função do atingimento dessas metas. Acontece que pra fazer isso por time eu preciso ter primeiro um sistema de controle absoluto sobre isso. Eu preciso saber o que acontece dia a dia lá pra poder medir. Nós já temos um sistema hoje implantado que nós chamamos de mic, que é um sistema gerencial por time. Talvez para o próximo ano a gente consiga estratificar isso*[(25)].

A perspectiva do capital é a implantação de um instrumento de controle, cada vez mais refinado, capaz de penetrar em grupos de trabalho reduzidos e de quantificar,

---

(24) Unidade elementar de Trabalho (Renault) e time de trabalho (Volkswagen-Audi).

(25) KAFROUNI, Maria Ângela Sant`Anna; ARAÚJO, Sílvia Maria. Entrevista n. 3 realizada com gerente de relações trabalhistas e comunicações da Volkswagen-Audi, Unidade Curitiba, em 13 de outubro de 2004. Até 2005 não foi implantado esse sistema de metas por times.

transformando em metas, os mais diversos aspectos, inclusive os mais subjetivos, como a capacidade de trabalhar em grupo e o conhecimento sobre o trabalho. Os riscos advindos de tal tendência não são poucos e passam pela fragmentação do coletivo de trabalhadores, com a emulação constante, e pela acentuação da exploração capitalista, com a transformação em mercadoria dos limites mais recônditos da subjetividade operária.

No caso de um dos indicadores presentes nos acordos de ambas as empresas, é nítida a relação entre o instrumento jurídico e o acréscimo de trabalho. Trata-se da inclusão de metas de absenteísmo. Nessa situação, está-se diante de uma forma disciplinar típica com seus métodos de ligar homens e mulheres ao aparelho produtivo por meio da pura e simples coação monetária. Não se teve acesso a dados que permitissem averiguar um decréscimo do absenteísmo concomitante à implantação da PLR. Têm-se apenas informações orais de membros do sindicato que apontam sucesso da PLR em conseguir tais reduções, o que é visto com muito bons olhos.

As metas de absenteísmo previstas no acordo coletivo da Volkswagen-Audi são individuais. Não se incluem para sua aferição as faltas legais, previstas nos arts. 131 e 473 da CLT. No entanto, são contabilizadas as ausências por motivos médicos quando não estiverem incluídas no rol da CLT. Há uma forma de cálculo própria, baseada na noção de evento. A contagem das faltas é feita por meio da verificação do total de eventos. Uma ausência de um dia que se dê por motivos médicos corresponde a um evento. Já um afastamento por dez dias, pelos mesmos motivos, corresponde também a um evento. Quem contabiliza somente 1 (um) evento durante todo o ano recebe o valor integral referente ao absenteísmo, que é de 10% do valor total da PLR. Cada evento que excede a 1 (um) representa uma redução de 5% do valor referente ao absenteísmo. No caso da Renault, o modelo é muito parecido. O absenteísmo serve como redutor individual do valor geral a ser recebido a título de PLR. Entre 0 (zero) e 2 (duas) faltas, recebe-se 100%, entre 3 (três) e 6 (seis), 95%, e acima de 6 (seis), 90%.

A opção pela inclusão da meta de absenteísmo entre as metas individuais não é uma alternativa óbvia. Há, por exemplo, plantas da Volkswagen em que esta meta é incluída entre os indicadores globais. Na Volvo, ela é incluída entre as metas por equipe e tem, portanto, uma mensuração coletiva (ainda que para um grupo reduzido). A escolha entre as duas possibilidades acarreta uma série de efeitos.

A justificativa do sindicato para a inserção do absenteísmo como meta individual é a seguinte: considera-se injusto que aqueles trabalhadores que nunca faltam, que cumprem integralmente com suas obrigações, sejam penalizados em virtude dos absenteístas. Além disso, a responsabilização seria dupla, pois os assíduos, além de terem que aumentar sua carga de trabalho quando da ausência dos colegas e viabilizar a produção, ainda que com a defasagem de trabalhadores, teriam uma redução no PPR. Sendo individual, não haveria esse tipo de problema, cada qual arcaria com os ônus de suas faltas sem que isso interferisse sobre o rendimento dos demais.

É difícil saber a metodologia que, sob o ponto de vista do trabalho, seria mais recomendável. Ambas as opções envolvem certas perversidades. A opção pelo critério individual remete todos os riscos ao próprio trabalhador isoladamente. Os de saúde precária ou que não conseguem se adaptar ao ritmo de trabalho sofrerão o ônus de sua condição de forma solitária. Além disso, permite maior visibilidade por parte da empresa daqueles trabalhadores menos assíduos, ou seja, torna mais evidente a identificação dos que destoam da norma.

O fato de se remeter a questão para o plano individual enseja uma série de problemas, pois deixa-se de refletir sobre as causas impulsionadoras dos altos índices de absenteísmo, dificulta-se que se façam ligações entre o absenteísmo e as condições de trabalho, sejam elas relacionadas à saúde ou ainda à própria identificação do trabalhador para com sua atividade. Limitam-se, portanto, algumas possibilidades críticas. No entanto, o critério global pode contribuir para um outro problema, que é o reforço do controle mútuo entre os próprios operários. Como a falta de alguns pode redundar na perda de rendimentos para todos, cria-se uma situação em que todos devem se autovigiar constantemente. Apesar disso, parece que essa opção tem ao menos a virtude de fazer com que se encare a questão do absenteísmo como um problema que diz respeito a todos e que, portanto, exige soluções também coletivas para a melhoria das condições de trabalho. Para isso, no entanto, a contabilização deve envolver o coletivo de trabalhadores da empresa. Dessa forma, o autocontrole acaba se diluindo, pois o grande número de pessoas envolvidas torna a influência da ação individual sobre o cômpito geral bastante reduzida.

Os acordos de PPR firmados com a Volkswagen-Audi possuem algumas peculiaridades que devem ser ressaltadas. É comum que eles se deem em dois momentos distintos. Primeiramente, são fixados os valores referentes ao pagamento do PPR e o valor de uma antecipação a ser paga, geralmente, entre os meses de maio e junho. Tal acordo inicial não prevê metas, mas somente o montante. Posteriormente, pactua-se um aditamento ao primeiro acordo, fixando cada uma das metas que devem ser atingidas. No ano 2005 essa situação chegou ao seguinte ponto: o acordo de PPR foi firmado em 5 (cinco) de maio e o aditamento é datado de 18 (dezoito) de novembro. Durante todo esse período, empresa e sindicato não chegaram a um acordo sobre as metas. Neste último caso, não é que as metas tenham sido suprimidas durante todo esse lapso de indecisão, elas continuaram existindo, mas foram elaboradas de forma unilateral pela empresa. Segundo o coordenador da comissão de fábrica da Volkswagen-Audi, nesse interregno, os trabalhadores foram alertados pela empresa que as metas repassadas por ela ainda não eram definitivas, não haviam sido acatadas pelo sindicato e a negociação em torno delas perdurava. O adiamento do fechamento das metas era uma estratégia do sindicato para ganhar tempo e avaliar melhor o andamento da proposta da empresa. No fim do ano haveria mais elementos para se averiguar se as metas fixadas pela empresa eram factíveis ou não, podendo o sindicato pressioná-la, reivindicando a alteração das metas irrealizáveis. Além disso, durante esse período de indefinição, a empresa seria responsável pela implantação de algumas modificações tendentes a viabilizar o cumprimento das metas propostas. Se não o fizesse, não poderia exigir a manutenção das mesmas, tendo de reduzir os índices anteriormente estipulados, sob pena de não contar com a adesão do sindicato.

Essa situação aponta para o fato de que o processo de negociação em torno do tema não é pacífico. Além disso, a suspensão da pactuação final das metas durante boa parte do ano faz com que os objetivos "motivadores" almejados pela gestão da empresa sejam em parte dissolvidos. Não há engajamento sem clareza e as situações reais envolvendo o PPR na Volkswagen-Audi estão bem distantes disso.

Em 2005, o acordo da Volkswagen-Audi fixou um valor potencial de R$ 3.600,00 para o caso de alcance de 100% das metas, e a Renault, um valor de R$ 3.000,00. Em ambos os casos, o pagamento se deu em duas parcelas. A primeira correspondeu a um adiantamento de R$ 1.800,00, pago em 11.5.05 (Volkswagen-Audi), e em 27.5.05 (Renault). A segunda parcela foi paga em 31.1.06 pela Volkswagen-Audi, e em 28.2.06 pela Renault, após a apuração das metas atingidas. Não se obteve os valores especificados dos valores efetivamente pagos a título de resultados. Tem-se apenas a informação oral do sindicato de que a maioria dos trabalhadores da Volkswagen-Audi recebeu os R$ 3.600,00, ou algo próximo disso. Já na Renault, teria sido atingido um valor intermediário, próximo a R$ 2.800,00.

O adiantamento negociado para o período subsequente à formalização do acordo vem sendo uma estratégia utilizada pelo sindicato nas três montadoras da RMC. O objetivo é dar maior segurança ao pacto, incluindo um valor que independe de metas e que, portanto, estará garantido, mesmo que posteriormente elas não sejam atingidas. É pertinente questionar se tal procedimento é compatível com a regulação jurídica da PLR. O formato desse adiantamento, ainda que inserido em um acordo de PPR, é muito mais próximo ao de um abono do que de uma efetiva participação nos resultados.

O pagamento, em ambas as empresas, é feito de forma igual para todos os empregados. No caso da Volkswagen, incluem-se os mensalistas, operacionais e administrativos, excetuando-se os aprendizes do SENAI, os líderes de manufatura (supervisores de setor), os executivos, os *foreign services* e os estagiários[(26)]. Já no acordo da Renault, excluem-se expressamente os estagiários e temporários, incluindo-se os aprendizes. Estes, no entanto, têm um pagamento diferenciado e inferior[(27)].

O formato de pagamento igualitário está longe de ser consensual, e dos depoimentos dos próprios membros do SMC depreende-se que não é essa a posição mais estimada pelo sindicato.

> *Nós defendemos a mista. Aquela assim que tem uma parte fixa e uma parte proporcional ao salário. Porque ao você colocar ela mista, você de certa forma defende um pouco os salários mais baixos, mas também você não deixa de fora aqueles salários mais altos. Certo? Se você coloca um valor fixo, você protege os salários mais baixos mas de certa forma, vamos dizer assim, você premia menos os salários mais altos. Eu não vou dizer nem que penaliza, mas premia menos os salários mais altos. Se você coloca tudo proporcional ao salário, o trabalhador que recebe menos, quer dizer, proporcionalmente ele recebe igual quem ganha mais, só que o cara às vezes que ganha mais já tem um salário bom.*[(28)]

(26) Acordo Coletivo, Volkswagen-Audi, 2005, item 7.2.

(27) Para o cálculo do valor a ser percebido pelos aprendizes leva-se em consideração "a proporção do PPR/2005 sobre a média do salário MOD [Mão-de-Obra Direta] acrescida do percentual da média da remuneração variável mensal." (Acordo Coletivo, Renault, 2005, cláusula 6ª, § 2º)

(28) CAMPINHO, Fábio. Entrevista n. 1 realizada com diretor do SMC em março de 2006

Nos acordos da Volkswagen-Audi de 2002 e 2003 havia uma forma diferenciada de pagamento. O valor pactuado para o atingimento de 100% das metas era de R$ 2.000,00. Entretanto, para aqueles que recebiam um valor superior a R$ 2.857,00 o valor seria de 70% do salário nominal do empregado. Até um patamar havia um pagamento igualitário, e acima dele o pagamento tornava-se proporcional ao salário.

A forma de pagamento, longe de ser uma simples opção técnica, expressa a visão do sindicato sobre o coletivo dos trabalhadores, ou, quando fruto da sua participação direta, expressa também concepções e discursos sobre si. Além disso, revela o modo como o sindicato administra as diferenças reais que existem entre os seus representados.

A forma igualitária homogeneiza tornando preponderante, ainda que de forma não consciente, a noção de classe sobre a de *status*. Não são as posições hierárquicas no quadro da empresa e a formação profissional, essas formas de ganho econômico e simbólico, que prevalecem, mas, sim, o pertencimento genérico à esfera da produção. As diferenciações perdem peso, ganhando evidência o caráter valorizador inerente ao trabalho, o que põe a atividade operária vista como menos qualificada num patamar não inferior às demais, mas como condição de toda a acumulação capitalista.

A forma proporcional ao salário valoriza a segmentação e liga-a ao mérito individual. As diferenças são naturais. Trata-se de capacidade, conhecimento e esforço diversos, que não podem deixar de ser reconhecidos no momento da remuneração ou do pagamento do PPR. Não há dúvida de que esta forma é mais condizente com o discurso empresarial e, em última análise, se coaduna com a própria noção de empresa enquanto instituição que alia coordenação e hierarquia. Além disso, uma parte do potencial mobilizador da PLR se perde com a sua homogeneização. Ela deixa de ser um incentivo para os trabalhadores de remuneração mais elevada, já que em termos de proporcionalidade aos salários, os valores recebidos por estes serão bem inferiores àqueles recebidos pelos trabalhadores do "chão de fábrica".

Apesar dessas considerações, não se deve superestimar os efeitos da forma igualitária de distribuição da PLR. Ela pode até proporcionar um efeito redistributivo entre os próprios empregados da empresa, mas dificilmente redunda numa diminuição da mais-valia, haja vista as possibilidades de redução de custos do trabalho possibilitadas pela regulação legal da matéria. Caberia, também, investigar o motivo do pagamento uniforme na Volkswagen-Audi e na Renault, mesmo não sendo essa a posição do sindicato.

O processo de pactuação do PPR no âmbito da Volkswagen-Audi tem sido marcado pelo conflito. Ao contrário da visada "integração entre capital e trabalho" propugnada pela Lei n. 10.101/2000, o que se verifica é uma situação de acirradas divergências, apesar do caráter eminentemente negociador da representação sindical. Em 2004 e em 2005 o tema deu ensejo a greves. No primeiro caso (greve de maio de 2004) integrou uma pauta mais ampla, que tinha como principais objetivos a extinção do banco de horas e a redução da jornada de trabalho para 40 (quarenta) horas semanais. Não houve acordo sobre o valor ofertado pela empresa de R$ 2.700,00; o sindicato pleiteava R$ 3.200,00. A paralisação durou sete dias, foi resolvida em sede de dissídio, e no quesito PLR, ainda que em dissonância com o posicionamento do TST, o TRT arbitrou um valor de R$ 2.950,00[(29)]. Não houve recurso no que diz respeito a este item e a empresa pagou o valor propugnado pelo Tribunal

(29) TRT- PR — DC, 24002-2004-909-9-0-8. Ac. 10.522-2004, pub. no DJ. de 26.05.2004.

Regional[30]. Já em 2005, o confronto se deu inteiramente em torno do PPR. A empresa propôs R$ 3.200,00, mas o sindicato pleiteava R$ 3.600,00. Iniciaram-se paralisações parciais nas duas primeiras horas de cada turno. A situação de impasse perdurou por quase duas semanas. Foram demitidos, segundo informação do SMC, 100 trabalhadores. Na segunda semana de paralisação, a cada parada de duas horas, a Volkswagen-Audi demitia 25 trabalhadores. O sindicato, a partir de certo ponto, propôs reiteradamente nas assembleias o fim das paralisações, mas sua proposta, mesmo com toda a política de intimidação da empresa, foi por duas vezes rejeitada pelos trabalhadores. É o que se depreende da fala de um dirigente sindical:

> *A nossa paralisação ali era portão aberto. Pra mostrar pra fábrica que realmente os trabalhadores que não queriam trabalhar. E realmente eram os trabalhadores. Eu comandei duas assembleias no terceiro turno, que só faltei empurrar o trabalhador pra dentro da fábrica*[31].

A disputa em torno do valor do PPR vem se mostrando bastante acirrada e, ao que parece, até mais do que gostariam as lideranças sindicais. Já o caráter de integração e estímulo à produtividade não se confirma na presente situação. Demissões e intimidações não são compatíveis com motivação. A ideia da introdução do PPR como um novo paradigma de gestão capaz de substituir os modos tradicionais de subordinação do trabalho ao capital não subsiste neste caso concreto. A participação funciona mais como um acréscimo aos mecanismos de subordinação tradicionais do que como verdadeira inovação. Ainda que com a introdução de alguns aspectos típicos do toyotismo (os times de trabalho, os painéis luminosos, a polivalência e a supressão de graus hierárquicos), a cadência da linha de montagem deixa pouca margem de autonomia para os trabalhadores. Sem tal margem, não se pode falar propriamente em um controle por metas (ao menos não em um sentido propriamente inovador), mas em metas que se somam a uma série de técnicas disciplinares, que remontam à própria organização fordista.

### *1.2. Acordos coletivos de PLR — Volvo*

Os acordos coletivos de PLR pactuados no âmbito da Volvo do Brasil possuem algumas peculiaridades em relação aos das demais montadoras de automóveis instaladas na RMC.

O primeiro ponto a ser frisado é o papel desempenhado pela comissão de fábrica na negociação do acordo. Como já foi brevemente referido no item anterior, ao contrário do que ocorre nas demais montadoras, neste caso, há maior autonomia da representação interna dos trabalhadores em relação ao sindicato, o que não deixa de ser uma fonte de atrito entres as duas entidades.

---

(30) A empresa recorreu da decisão do Tribunal Regional. Este havia concedido a redução de jornada e responsabilizado a Volkswagen-Audi pelo pagamento dos dias parados. No TST, obteve-se o efeito suspensivo da decisão *a quo* (TST — ES, 136835 -2004-000-00-00, pub. no DJ de 19.05.2004).

(31) CAMPINHO, Fábio. Entrevista n. 1 realizada com diretor do SMC em março de 2006.

Os acordos da Volvo são os únicos dentre os analisados em que há a assinatura simultânea da comissão interna e da representação sindical. A negociação, entretanto, não se dá diretamente pela comissão de fábrica, mas através de uma comissão composta por delegados sindicais (representantes do sindicato, indicados pelo mesmo, eleitos pelos trabalhadores e que integram o quadro de empregados da empresa), representantes da comissão de fábrica e também da empresa.

As divergências entre a comissão de fábrica da Volvo e o SMC são notórias. Há razões históricas para isso, mas também conflitos presentes. Ainda hoje há, entre os membros da comissão, indivíduos que foram atuantes na organização de chapas de oposição à diretoria do SMC em fins da década de 1980 e início da década de 1990. A trajetória da comissão teve, desde os seus primórdios, um referencial no sindicalismo do ABC paulista, na CUT e, também, nas comissões implantadas nessa região com o respaldo e o impulso do sindicato. No relato dos membros mais velhos, fica claro que a implantação da comissão é tributária de organizações semelhantes em São Bernardo do Campo. Foi o conhecimento de suas experiências que impulsionou os trabalhadores da RMC a assumirem essa reivindicação perante a empresa.

Se na região do ABC a implantação das comissões era parte da estratégia sindical, e as organizações por local de trabalho eram vistas como um suplemento importante à sua atuação, no caso do SMC não houve essa opção deliberada. A preferência do sindicato reside na figura do delegado sindical que, embora eleito pelos trabalhadores, é indicado por ele dentre os seus filiados, o que permite um maior alinhamento político e controle da atuação. Nesse sentido, a implantação de comissões de fábrica nas empresas situadas em sua base de representação nunca foi uma prioridade política do SMC.

O surgimento da comissão de fábrica da Volvo reflete, de certa forma, um conflito por parte dos trabalhadores com a entidade sindical. Em 1985, um grupo de operários da Manutenção, Usinagem e Qualidade (MUQ) passou a reivindicar da empresa a formação da entidade. Em 1986, eclodiu uma greve e surgiu a oportunidade de incluir a representação interna dentre os pontos de pauta. Ocorre que o próprio processo de negociação das reivindicações da greve se deu com o alijamento da participação sindical. A interlocução dos trabalhadores com a empresa ocorreu por meio de uma comissão de negociação, que além da atuação específica durante a greve, trabalhou, posteriormente, na implantação da comissão de fábrica. Finalmente, em 1988, após negociações com a empresa e com o sindicato, e após a pactuação de acordo coletivo entre ambos, realizou-se a eleição da primeira diretoria da comissão de fábrica da Volvo[(32)].

Portanto, o surgimento da representação interna ocorreu em uma situação de conflito com o sindicato, ainda que tenha sido referendado por ele através de acordo coletivo com a empresa. Com relação à Volvo, embora tais comissões não fossem novidade para a empresa, que há muitos anos convivia com esse tipo de organização na Suécia, era certamente uma situação nova para a filial brasileira. O fato também era inédito para as relações de trabalho no Paraná, devido ao pioneirismo desta experiência no Estado.

---

(32) No início uma surpresa: a primeira comissão do Paraná. *O Viking* (publicação da Comissão da Fábrica da Volvo do Brasil). Curitiba, março de 2003. p. 2.

Com relação à PLR há um ponto específico de atrito entre a comissão de fábrica e o SMC. É que a comissão não aceita a inclusão, dentre as cláusulas do acordo, de uma taxa de negociação coletiva. Só no ano 2005, segundo dados do DIEESE, o pagamento de PLR nas empresas representadas pelo SMC poderia atingir o valor de R$ 57.462.866,88, sendo que o potencial exclusivo das montadoras seria de até R$ 33.786.450,00. Certamente tal estimativa não leva em conta os resultados efetivamente atingidos, já que o cálculo tem por base uma situação ideal em que todas as metas são alcançadas plenamente. Ainda assim, mesmo supondo uma redução no montante, fica claro que se trata de uma quantia vultosa. Embora não se tenha um dado específico sobre isso, não é difícil concluir que a fixação de uma taxa negocial pode fazer dos acordos de PLR um ótimo negócio para o sindicato. Na Renault, por exemplo, há previsão no acordo coletivo de PLR de 2004 de uma taxa redutora (este é o termo utilizado no acordo coletivo) no valor de R$ 80,00 a ser paga por todos os beneficiados. Levando-se em conta que a empresa possui 2.396 empregados, a quantia a ser recolhida pelo sindicato poderia atingir o valor de R$ 190.000,00.

A insistência do sindicato em cobrar tal taxa vem sendo um dos principais pontos de atrito com a comissão de fábrica da Volvo no processo de negociação da PLR, sendo que esta tem obtido sucesso, conseguindo impedir a cobrança. É explícita a desavença no relato de alguns membros da comissão:

> *Por exemplo, eles gostam de cobrar taxa. Isso é a marca da Força Sindical, taxa em negociações é com eles. Cobrar taxas, de sócio, não sócio, eles gostam. Aqui nós cobramos... Nós temos na Volvo 1.600, 1.700 funcionários aí. E tem 500 filiados. Tá na fábrica, vá lá e monta uma mesinha, usa a sala da comissão de fábrica e convença os trabalhadores a se filiarem, a se sindicalizarem. Mostra a importância do sindicato, mostra o trabalho... mas isso não é feito*[33].

Veem-se, a partir de questão aparentemente pontual, referente ao pagamento de contribuições, indícios de concepções mais amplas. Na recusa há uma defesa da liberdade sindical e também uma atribuição de responsabilidades ao sindicato. A legitimidade das cobranças é condicionada à atuação do sindicato no sentido de convencer os trabalhadores da importância de sua existência, fato que se expressa na filiação.

As divergências entre as duas entidades representativas não deixam de estar marcadas por uma série de contradições. Além disso, não se pode deixar de apontar para os aspectos que aproximam a visão política de ambas as organizações. Se por um lado a instituição da comissão de fábrica foi o resultado de uma importante luta política dos trabalhadores, por outro, ela, em alguns casos, serve como forma de manter a atuação atrelada aos interesses da empresa. Serve para criar, através da proximidade, a ideia de corresponsabilidade, para transformar a ação reivindicativa em parceria. Isto se expressa tanto na fala de diretores da empresa, quanto na dos representantes dos trabalhadores.

---

(33) ARAÚJO, Sílvia A. P.; BRIDI, Maria Aparecida; PENKAL, Royemerson. Entrevista n. 4 realizada com os membros da Comissão de Fábrica da Volvo em agosto de 2004.

O depoimento de um diretor de RH e assuntos corporativos veiculado pelo informativo da comissão dá uma ideia dessa situação.

> *Nesses 15 anos da Comissão de Fábrica da Volvo, posso dizer que na maior parte do tempo a relação entre a empresa e funcionários se caracterizou por um diálogo franco e saudável. Foi a maturidade para entender as necessidades de cada lado que nos levou a grandes conquistas, sempre compatibilizando interesses. É importante ter uma comissão realmente representativa, traduzindo os anseios e as expectativas dos funcionários, com pessoas que possam olhar interesses efetivamente da coletividade e não individuais, enfrentando a realidade como ela é e não como gostariam que fosse. A Comissão de Fábrica tem papel preponderante para a qualidade das relações entre a Volvo e seus funcionários. Temos orgulho disso e do ambiente que temos na empresa*(34).

No discurso da empresa a comissão é motivo de orgulho. Ela contribui para a excelência das relações de trabalho na Volvo do Brasil. Sua maturidade está em compreender as necessidades de cada lado e atuar de forma realista, ciente de que o mercado possui leis próprias das quais a empresa não pode fugir, o que impõe limitações objetivas às demandas dos trabalhadores.

Essa visão propalada pelos ideólogos da empresa não deixa de estar presente nos relatos dos membros da Comissão de Fábrica, ainda que de forma dialética. Esta situação é perceptível na análise retrospectiva feita por integrantes da comissão acerca da reestruturação produtiva promovida na planta no final da década de 1990.

> *Olhando um pouquinho para trás, a gente acaba tendo a sensação de que está sendo enganado (...) é que, na época, a gente tinha a visão do seguinte: você tendo um produto mais competitivo, tendo um aumento de produtividade grande, nesse aspecto, então a tendência seria o quê? Você ganhar do concorrente, vender mais, gerar mais emprego, e, consequentemente, você ter uma participação maior também nessa produtividade propriamente dita. E hoje, como nós já citamos aqui, várias alterações que foram feitas na Volvo, a gente não percebeu a nossa participação nesse ganho de produtividade. Foram gerados alguns empregos, foram, isso é um aspecto positivo, mas o nível, a qualidade do emprego não melhorou. Pelo contrário, houve muitos achatamentos, e tudo isso ocorreu mais ou menos simultaneamente. De um lado as inovações chegando, do outro essa política de achatar salários, então nós percebemos que foi uma perda de salário durante esse período, e não aquele ganho que nós imaginávamos que íamos ter*(35).

A visão de engodo, o sentimento de trapaça, mistura-se, no entanto, com outro que acaba legitimando a atuação da comissão como sendo a mais madura e realista. É que *"por outro lado também, se não tivesse sido feita essa reestruturação, quem sabe, nós não estaríamos aqui, hoje (...) Então quem sabe a Volvo não seria competitiva no mercado,*

---

(34) MORASSUTI, Carlos. *O Viking* (publicação da Comissão da Fábrica da Volvo do Brasil). Curitiba, março de 2003, p. 3.

(35) ARAÚJO, Sílvia A. P.; BRIDI, Maria Aparecida; PENKAL, Royemerson. Entrevista n. 4 realizada com os membros da Comissão de Fábrica da Volvo em agosto de 2004.

*estaria perdendo mercado, e hoje nós não estaríamos aqui, essa fábrica estaria fechada"*[36]. Toda derrota, assim, torna-se uma vitória, afinal o mal maior não ocorreu. A empresa não fechou suas portas, ainda que tenha utilizado do arrocho salarial como forma de se adaptar à conjuntura advinda com a instalação das outras montadoras na região, seguindo os patamares médios do novo mercado.

Ainda que tendo referências diferenciadas, há aspectos comuns que aproximam o discurso da comissão de fábrica da Volvo do discurso do SMC e da Força Sindical. Trata-se da ideia de que os trabalhadores e suas organizações são corresponsáveis pela competitividade das empresas, de que em última instância aí reside a garantia de seus empregos e as possibilidades de melhoria de suas condições. Da visão de que "é preciso que a VdB [Volvo do Brasil] vá bem em seus negócios para que os funcionários sejam beneficiados com sua evolução."[37]

Entretanto, apesar dessa similaridade, parece que a empresa prefere, quando isso é possível, negociar com a comissão de fábrica. As relações são de maior proximidade e o compromisso entre as partes é maior. Não é à toa que, na fala dos membros da comissão, o termo credibilidade é um dos que mais aparece. Na visão do RH da empresa essa preferência é bem nítida. O sindicato acaba tendo que utilizar métodos de confronto, pois a regra das relações de trabalho no Brasil é a presença de organizações de tipo hierárquico e autoritário. Mas a comissão não precisa de tais expedientes, já que a Volvo, pela própria tradição de uma gestão aberta e democrática, abriria possibilidades de participação e concertação de interesses[38].

O grau de integração entre a comissão de fábrica e a empresa é também visível quando da pactuação da PLR. A comissão de fábrica assume uma proeminência no processo de negociação, ainda que haja a participação de delegados sindicais, sendo estes empregados da empresa. O acordo depositado no sindicato dos metalúrgicos não contém alguns dados centrais referentes à negociação. Muitos índices são omitidos, constando apenas um asterisco, que indica a natureza sigilosa do item. Somente a comissão de fábrica tem acesso à versão integral, havendo cláusula no acordo que equipara a divulgação das informações protegidas à violação de segredo de empresa (CLT, art. 482, g), podendo dar ensejo à demissão por justa causa.

Quanto à modalidade de participação, há uma especial diferença com relação às demais montadoras. É que neste caso prevê-se uma meta condicionada ao resultado operacional da empresa. Obviamente que essa meta só será atingida quando o resultado operacional for positivo, ou seja, quando a empresa der lucro. Não se trata, no entanto, da distribuição direta de um percentual do lucro aos trabalhadores, mas sim do pagamento de um valor previamente estipulado. Caso se atinja a meta relativa ao resultado operacional, paga-se um valor determinado, que tem um peso de 50% dentre as metas globais. O acordo coletivo não discrimina os valores, mantendo-os em caráter sigiloso e só acessível à comissão de fábrica.

---

(36) *Idem*.

(37) *O Viking* (publicação da Comissão da Fábrica da Volvo do Brasil). Curitiba, março de 2003, p. 4.

(38) Transcrição livre da fala de gerente de RH da Volvo do Brasil em visita à planta da empresa realizada em fevereiro de 2006.

O acordo é de PLR, pois mescla um percentual atrelado ao lucro com outros tipos de metas. No entanto, não são poucos os riscos dessa modalidade. De 2002 a 2005, o resultado operacional foi positivo e o valor da PLR realmente atingido esteve próximo ao limiar máximo. No entanto, em outros períodos (1998 e 1999)[39] o desempenho ruim da empresa certamente gerou impacto negativo sobre a PLR, ficando o resultado final bem abaixo do potencial de pagamento pactuado. Além disso, o resultado operacional do exercício pode acabar afetando os índices das demais metas. Isto porque há previsão de desconsideração das mesmas caso não seja atingido um determinado índice. Assim, não atingido um percentual mínimo relativo ao resultado operacional ficam prejudicadas as metas por processos e também as individuais.

O acordo de PLR a partir do ano 2000 passou a prever dois sistemas diferenciados de participação. Um para os empregados em geral, e um para as lideranças, gerentes e pessoas chaves, não estando incluídos neste módulo especial os representantes das equipes autogerenciáveis nem os coordenadores de diversas equipes. Este expediente foi uma forma de incluir o sistema de prêmios e bônus, já vigente entre os escalões superiores, no regime da PLR, reduzindo, portanto, os custos de tais pagamentos. Para a comissão de fábrica tal inclusão foi vista como positiva, pois aumentou consideravelmente o volume de dinheiro negociado e possibilitou, segundo eles, que uma parte da economia advinda da não incidência de encargos fosse transferida para os demais empregados.

Ambos os sistemas de pagamento (dos empregados em geral e a PLR especial) possuem uma parte proporcional ao salário, calculada com base no salário nominal do empregado, relativo ao mês do pagamento, e uma parte fixa. No ano de 2005, para os empregados em geral, a parte proporcional poderia atingir até 1,7 salários, e a parte fixa até R$ 1.900,00. Já no caso da PLR especial, o potencial máximo para a parte proporcional era de 2,5 salários e a parte fixa também de R$ 1.900,00. Tal modalidade de pagamento diferencia-se do modelo adotado na Renault e na Volkswagen-Audi. O interessante é que nessas duas empresas o modelo adotado não é aquele priorizado pelo SMC, já que a posição deste é pela forma mista (parte proporcional + parte fixa). Esta forma só é aplicada na montadora em que o sindicato tem menos força no processo de negociação: a Volvo do Brasil.

Essa metodologia, no entanto, não é consensual entre os membros da comissão de fábrica. A defesa do sistema misto ancora-se na visão de que ele acaba aumentando o valor despendido pela empresa para o pagamento de PLR. Tal constatação é feita a partir da comparação com o que é pago no âmbito da Renault e da Volkswagen-Audi. Com o sistema misto, o valor pago aos empregados com menor nível salarial se iguala ou supera aquilo que é pago a todos nas demais montadoras. Neste sentido, os com remuneração inferior não perderiam nada, mas haveria um ganho para os que possuem rendimentos mais elevados. O raciocínio é o seguinte: O piso salarial fixado em Convenção Coletiva[40] que abrange as três montadoras é de R$ 1.035,00. Na hipótese de

(39) Em 1998 o potencial de pagamento pactuado era de 1,3 salário mais uma parcela fixa de R$ 500,00. Atingiu-se apenas o valor de 0,53 salários mais R$ 211,00. Em 1999 o potencial era também de 1,3 salários mais quantia fixa de R$ 800,00. Atingiu-se 0,43 salários mais R$ 264,00.

(40) Cláusula econômica vigente de 1º de setembro de 2005 a 31 de agosto de 2006.

um empregado da Volvo que recebe o piso, o valor da PLR seria calculado da seguinte maneira: 1,7 x piso salarial + R$1.900,00. O valor total a ser recebido seria R$ 3.659,50; quantia ligeiramente superior ao valor potencial a ser pago a todos os empregados na Volkswagen-Audi (R$ 3.600,00) e consideravelmente maior do que aquele da Renault (R$ 2.850,00). O argumento da comissão, portanto, é de que não houve qualquer perda. Apenas se possibilitou um ganho maior aos empregados com maior nível salarial, o que aumenta o gasto da empresa.

Realmente, analisando-se com base na tabela abaixo, o valor potencial médio da PLR por trabalhador é, na Volvo do Brasil, muito superior ao pago pelas demais montadoras. Nas outras duas, o valor médio coincide com o potencial de pagamento, já que o valor é igual para todos. Na Renault, o valor corresponde a R$ 3.000,00, e na Volkswagen-Audi a R$ 3.600,00. Já na Volvo, a média atinge R$ 5.470,00.

## TABELA 8 — ESTIMATIVA DO IMPACTO TOTAL DOS ACORDOS DE PLR DAS MONTADORAS DE AUTOMÓVEIS DA RMC NO ANO DE 2005

| Empresa | N. de funcionários | Valor potencial total da PLR (R$) | |
|---|---|---|---|
| | | Valor por trabalhador | Valor total |
| Renault do Brasil | 2.396 | 3.000,00(*) | 7.188.000,00 |
| Volkswagen-Audi | 4.205 | 3.600,00 | 15.138.000,00 |
| Volvo do Brasil | 1.755 | 5.470,00 | 9.599.850,00 |
| Total | 8.356 | ——— | 31.566.450 |

**Fonte: DIEESE-PR**

*alterações introduzidas pelo autor. O valor potencial mencionado na tabela original do DIEESE é de R$ 2.850,00. No entanto, esse valor não corresponde ao disposto no acordo coletivo, que indica uma quantia máxima de R$ 3.000,00. Por isso foi alterado tanto o valor por trabalhador quanto o valor total.

Há, no entanto, membros da comissão que consideram que o valor pago deveria ser igual para todos os empregados. Esta modalidade já teria sido proposta à empresa, não sendo, entretanto, aceita. Do ponto de vista dos trabalhadores, um modelo de distribuição igualitária poderia inclusive contribuir para certa distribuição de renda entre os diversos graus hierárquicos, reduzindo as diferenças de rendimento; mas sob o olhar do capital essa proposta não é muito bem-vinda.

Se a distribuição fosse igualitária e se mantivesse o mesmo valor total pactuado a título de PLR, os trabalhadores que recebem o piso salarial ganhariam um total de 5,28 salários, quantia considerada muito alta pela empresa. Já os que recebem salários próximos à média de R$ 5.470,00 ganhariam aproximadamente um salário. Os trabalhadores com patamares superiores a essa média receberiam uma fração de seus salários. Certamente isto tiraria o equilíbrio entre o valor promocional da PLR e os diferentes graus hierárquicos dentro da empresa. A homogeneização é justamente o contrário das tendências recentes da administração, que veem na diferenciação um eficaz instrumento de gestão. Por isso, a empresa não aceita esta proposta, além do que, a comissão de fábrica aponta para os conflitos que uma mudança no sistema geraria entre os próprios trabalhadores. Pois haveria uma perda considerável entre aqueles com salários mais altos, gerando uma série de insatisfações.

Na Volvo, como em todas as montadoras analisadas, há a fixação de uma antecipação a título de PLR. Trata-se de uma forma de se amenizar os riscos, já que tal parcela independe do atingimento de um determinado resultado operacional ou do alcance das demais metas[41]. O valor da antecipação foi, em 2005, equivalente ao das demais montadoras (R$ 1.800,00), pago em 25 (vinte e cinco) de maio.

A evolução dos valores pagos a título de PLR é considerável. Assim como nas demais montadoras, os aumentos sucessivos são muito mais expressivos do que os acréscimos salariais. A tabela abaixo indica essa trajetória desde o primeiro acordo firmado em 1995, enfocando tanto o potencial de pagamento negociado quanto os valores efetivamente atingidos.

## TABELA 9 — EVOLUÇÃO DA PLR — PARTICIPAÇÃO NOS LUCROS OU RESULTADOS — DIVISÃO INDUSTRIAL — PRODUÇÃO — FUNCIONÁRIOS EM GERAL

| | Potencial de pagamento 100% | | | Resultado Final | | |
|---|---|---|---|---|---|---|
| **Ano** | **N. de salários** | **Valor fixo em R$** | **Ações Volvo** | **N. de salários** | **Valor fixo em R$** | **Ações Volvo** |
| 1995 | 1.3 | 500,00 | 0 | 1.47 | 347,48 | ——— |
| 1996 | Não foi paga PL&R | | | | | |
| 1997 | 1,3 | 500,00 | 0 | 1.06 | 410,00 | ——— |
| 1998 | 1,3 | 500,00 | 0 | 0.53 | 211,90 | ——— |
| 1999 | 1,3 | 800,00 | 0 | 0.43 | 264,82 | ——— |
| 2000 | 1,7 | 1.200,00 | 500,00 | 1.07 | 614,98 | ——— |
| 2001 | 1,7 | 1.200,00 | 500,00 | 1.46 | 1.010,12 | ——— |
| 2002 | 1,7 | 1.200,00 | 500,00 | 1.70 | 1.200,00 | ——— |
| 2003 | 1,7 | 1.500,00 | 500,00 | 1.67 | 1.463,56 | ——— |
| 2004 | 1,7 | 1.700,00 | 500,00 | 1.67 | 1.667,98 | 250,00 |
| 2005 | 1,7 | 1.900,00 | ——— | Resultados em andamento | | |
| A partir de 2000 as lideranças (gerentes e *kee people*) passaram a fazer parte do acordo da PLR com 2.5 salários + parte fixa, e também foi incluída a participação nos resultados globais do grupo Volvo em forma de ações. A partir de 2005 a VdB (Volvo do Brasil) deixou de ter participação nos resultados globais do grupo Volvo. | | | | | | |

**Fonte: Comissão de Fábrica dos Trabalhadores da Volvo do Brasil, 2005.**

(41) "Fica acordado que em caso de não atingimento de um mínimo que venha a compensar os referidos R$ 1800,00 (um mil e oitocentos reais) pagos aos EMPREGADOS a título de antecipação, este valor será considerado como um mínimo garantido aos EMPREGADOS por ocasião do pagamento da PLR do ano de 2005." (Acordo Coletivo PLR, 2005, Cláusula 6ª)

A evolução da parte proporcional vai de 1.3 salários em 1995 para 1.7 salários em 2000, valor que se mantém até 2005. Já a parte fixa evolui de R$ 500,00 em 1995 para R$ 1.900,00 no ano de 2005. É fácil perceber que tais aumentos ultrapassam em muito os reajustes na data-base. É que o valor fixado em termos proporcionais pressupõe a incorporação dos acréscimos salariais, já que toma como base os salários nominais. Neste sentido, tanto os aumentos em termos de proporção salarial quanto aqueles referentes ao valor fixo estarão sempre acima dos reajustes salariais. Só de 2004 para 2005 houve um aumento de 11,76 % da parcela fixa, mais o reajuste dos salários nominais que servem de base de cálculo para a proporção de 1,7 salários.

É importante perceber que em diversos anos o percentual recebido foi largamente inferior ao potencial pactuado. Isso provavelmente pelo grande peso dado ao resultado operacional da empresa na composição do programa, o que diminui a interferência direta do trabalhador no alcance ou não das metas e aumenta as oscilações em decorrência das condições de mercado. Somente no período de 2002 a 2004 é que houve um atingimento quase integral do potencial pactuado. Uma hipótese, cuja verificação demandaria uma pesquisa que suplanta os objetivos aqui previstos, seria estabelecer um paralelo entre os índices e o panorama da economia mundial e nacional. Os períodos de 1998 e 1999 coincidem justamente com a chamada "crise asiática", e o período de 2002 a 2004 seria marcado por um ciclo de crescimento global.

Há ainda, nos acordos entre 2000 e 2004, uma previsão de participação acionária nos resultados globais do grupo Volvo no valor potencial de R$ 500,00. Em 2004, o grupo sueco, segundo a comissão de fábrica, em virtude de dificuldades impostas pela legislação brasileira para a administração das ações, resolveu extinguir esse tipo de participação, convertendo as ações em um pagamento equivalente a R$ 250,00 para cada empregado.

Como já dito, desde 2000, nos acordos de PLR da Volvo, há uma divisão entre um modelo aplicado aos empregados em geral e um modelo aplicado aos líderes, gerentes e pessoas chave. O enfoque abaixo será sobre o regime geral.

As metas são divididas em três grandes blocos: metas corporativas, por processo e individuais ou por equipe. As primeiras envolvem o resultado operacional da empresa (50%), a satisfação do cliente (30%)(42), o fluxo de caixa (10%)(43) e a gestão para excelência (10%)(44). No segundo bloco são fixados diversos processos referentes a conjuntos de atividades desenvolvidas no âmbito da empresa (processo de desenvolvimento do produto (caminhões e ônibus), processo da venda ao pedido, processo do pedido à entrega, processo da entrega à recompra, processo de suporte). Em cada um desses processos são enumeradas diversas metas, cada uma com um peso específico. Por exemplo, no pro-

---

(42) "Corresponde à média dos índices percentuais de Satisfação do Cliente realizadas anualmente, em que é avaliada a qualidade e o desempenho das entregas do produto, assim como o desempenho dos serviços das concessionárias nos mercados de maior significação" (Acordo Coletivo PLR, 2005, Bloco 1, B).

(43) "Geração positiva de fluxo de caixa da ordem de **** do resultado operacional, iniciando o pagamento com qualquer valor positivo" (Acordo Coletivo, PLR, 2005, Bloco 1, C).

(44) "Pontuação obtida através de avaliação final da consultoria externa que avaliará a empresa de acordo com os procedimentos do Prêmio Nacional de Qualidade" (Acordo Coletivo, PLR, 2005, Bloco 1, D).

cesso de desenvolvimento do produto (caminhões e ônibus) são fixadas: metas para a abertura de *gates* dos projetos (40%), médias de falhas por veículo no 1º ano de garantia (15%), redução do custo do produto (30%), número de fornecedores com QPM[45] maior que setenta (5%), aumento no prazo do pagamento de fornecedores (10%). No terceiro bloco são previstas metas relativas às equipes autogerenciáveis (EAGs). O próprio acordo coletivo delega a fixação de tais metas às EAGs. A proposta das metas encaminhada através do coordenador aos representantes das equipes deverá ser debatida e negociada no âmbito de cada EAG. Após as discussões e a aprovação de termo constando a assinatura de cada membro da equipe, o documento deve ser encaminhado ao Departamento de Recursos Humanos, podendo ser consultado a qualquer tempo pela comissão de fábrica.

Entretanto, nem sempre esse mecanismo de consulta e discussão é respeitado. Em certos casos, *"tem alguns que vêm e colocam e pedem lá pra assinar e se a equipe não tiver alguém lá pra dizer, não espera aí, acabam assinando"*[46]. Reside aí, entretanto, apenas um exemplo de uma crítica maior, que é reiteradamente colocada pelos membros da comissão de fábrica. Trata-se da incorporação, pelos representantes, dos papéis tradicionais dos supervisores e chefes, ou seja, a manutenção dos traços da "velha ordem" na nova forma de organização do trabalho.

O sistema de PLR da Volvo é certamente o mais complexo dentre os três analisados. Disto decorreu uma dificuldade especial no encaminhamento da pesquisa. Em certas ocasiões os próprios representantes da comissão de fábrica demonstravam desconhecer algumas metas, o que impossibilitou que se decifrasse seu conteúdo. A maior preocupação da comissão parece residir nos valores pactuados. Portanto, alguns aspectos mais técnicos constantes do acordo não geram grande atenção. Isto é claro, se o resultado final for satisfatório.

Se no caso dos acordos da Volkswagen-Audi e da Renault as únicas metas individuais referem-se aos índices de absenteísmo, na Volvo há uma maior interseção entre o mecanismo jurídico de regulação da participação (acordo coletivo) e as técnicas de gestão típicas de uma empresa enxuta. As metas relacionam-se com maior precisão ao sistema de trabalho em equipe. Entretanto, para que isso fosse possível, antes foi necessário que a comissão de fábrica se abstivesse de interferir diretamente na pactuação de tais metas. Ou seja, uma parte do acordo, e provavelmente aquela que se reflete mais diretamente no trabalho, foi delegada à empresa. É como se isto dissesse respeito à gestão, não sendo, portanto, assunto atinente à comissão. Esta não se imiscui diretamente nas metas que dizem respeito às equipes, apesar de poder vir, posteriormente, reivindicar alterações nos casos de metas superestimadas.

---

(45) "É uma ferramenta de priorização para a tratativa de fornecedores problemáticos, baseado numa somatória de quatro diferentes critérios conforme relatório mensal emitido pela área de Suplay Quality Development, a saber: PPM (número de peças rejeitadas por milhão), número absoluto (quantidade de peças não conforme); número de ocorrências de não conformidade (IR: informes de rejeição enviados ao fornecedor), valor % em relação ao volume fornecido" (Acordo Coletivo, 2005, Bloco 2, D).

(46) CAMPINHO, Fábio. Entrevista realizada com membros da Comissão de Fábrica da Volvo, agosto de 2005.

A introdução das EAGs na Volvo é um dos elementos de uma reestruturação mais ampla pela qual passou a empresa no final da década de 1990. Implantou-se uma fábrica de cabines e uma de motores, introduziram-se novas linhas de montagens, terceirizaram-se processos, etc. Concomitantemente introduziu-se uma nova forma de organização do trabalho, nos dizeres do discurso gerencial: "uma nova forma de ação". Em seus pilares está o chamado "empoderamento das equipes", com a assunção pelos trabalhadores da linha de produção de uma série de atribuições, antes exclusivas dos graus hierárquicos superiores. A empresa deve reconhecer os atributos criativos e comunicativos do trabalho vivo e apoiar-se sobre eles. Para tanto, diminui-se a supervisão direta, buscando-se construir um ambiente mais horizontal de relações de trabalho e agilizar os canais de comunicação entre as diversas esferas da empresa.

A Volvo certamente é, dentre as três empresas analisadas, aquela em que houve uma maior ruptura com os expedientes tradicionais de gestão. Aquela que aprofundou de maneira mais incisiva a superação dos padrões *fordistas* e *toyotistas*, embora, como já dito, não se possa dizer que o tenha feito por completo. Não é pura coincidência, portanto, que ela possua o sistema mais apurado de PLR e que busque integrá-lo às novas necessidades de controle advindas do trabalho em equipe. Como foi discutido a partir de *Bourdieu*, quanto menor a coação direta, maiores as possibilidades de "investimento" no trabalho. No entanto, essa relação não é automática, pois há sempre o risco do não trabalho. Portanto, para a manutenção do domínio sobre os instrumentos do lucro é necessária não uma eliminação do poder, mas o seu deslocamento para outras formas de funcionamento. Dentre elas está a fixação de metas. Se no caso da Volkswagen-Audi se pôde perceber que esse deslocamento era incipiente, diante da permanência das formas tradicionais de gestão, parece que no caso da Volvo não se pode dizer o mesmo. Há aqui um grau mais avançado de alteração das formas de subordinação do trabalho ao capital. Apesar disso, é preciso reiterar que os fatores reais que ensejam a subordinação nunca são únicos, e que, portanto, esse giro não pode se dar por completo.

Cada EAG possui uma base ao lado do local de trabalho. Lá existe um painel em que constam os índices de desempenho da equipe (KPIs — *Key Performance Indicators*) e uma mensuração dos conhecimentos sobre o processo de trabalho de cada um dos membros do grupo, dispostos logo abaixo da foto e da identificação de cada um deles. À frente do painel há algumas cadeiras para as reuniões. Estas ocorrem, ordinariamente, às quintas-feiras, das 8:00 hs às 8:30 hs, sendo coordenadas pelo representante da equipe e a pauta definida entre este e seu coordenador. Nelas se realizam atividades administrativas delegadas, como a entrega de vales-alimentação, holerites, relatórios de anomalias(47). São discutidos aspectos relacionados ao remanejamento de pessoal dentro da própria equipe, às necessidades de treinamento, à programação de férias, à solicitação de equipamentos de segurança, à programação de horas extras, etc.

Para a fixação das metas por equipe utiliza-se um instrumento gerencial específico denominado KPI (*key performance indicator*). Trata-se de um sistema de avaliação de desempenho em aspectos considerados chaves pela empresa. São fixados indicadores e

(47) Trata-se de sistema de controle de frequência baseado nos desvios com relação aos horários fixados, e não o contrário, como é comum nas maiorias das empresas.

metas diferenciados conforme a área da produção (fábrica de motores, de cabines, montagem de caminhões e ônibus). Dentre estes itens chaves estão: a qualidade (avaliada através de auditoria que analisa a qualidade por processo e por produto, a redução de defeitos e de horas de reajuste), o absenteísmo (dimensionado coletivamente), o programa Casa Limpa, em que é avaliado o asseio e organização na área "administrada" pela equipe, e as propostas de melhorias.

O cumprimento das metas exige um engajamento conjunto dos membros da equipe, dando ensejo ao autocontrole e também ao controle recíproco. Para o sucesso do coletivo é preciso a cooperação de todos:

> *Nós temos a ciência de que PLR não é um dinheiro fácil, é um dinheiro bastante suado. Porque ele traz, eu diria que uma pressão inteligente por parte do empresariado, onde um trabalhador questiona o outro nas suas tarefas. Certo? Um questiona o outro e por quê? Porque dentro de um departamento da empresa a gente se vê como cliente e fornecedor ao mesmo tempo. Porque só funciona bem a tarefa que tá a ser feita lá na frente se a minha tarefa for bem-feita. Eu entregar em condições de dar sequência lá. Se isso não ocorrer, com certeza, tudo aquilo que você disputa, que você vai à busca, numericamente buscando numa mesa de negociações vai por água abaixo, se isso não acontecer na prática, entende?*[48]

O corpo uniforme representado pela força de trabalho típico do período fordista fragmenta-se, a produção viabiliza-se através da ação de pequenas unidades, com metas próprias, sendo que a relação entre elas se transforma numa relação entre fornecedor e cliente. A contradição entre troca e produção, verdadeiro cerne do sistema capitalista, não se resolve, mas as relações de consumo invadem o espaço fabril e subdividem o coletivo de trabalhadores.

O absenteísmo de uns, fixado coletivamente no âmbito das EAGs, interfere no valor da PLR dos outros. A responsabilidade de coibir as ausências desloca-se da empresa para os próprios trabalhadores. São os membros da equipe que devem ficar vigilantes para que os colegas de trabalho não faltem. E se isso por acaso ocorrer, provavelmente o membro faltoso virá a ser malconceituado durante a avaliação de desempenho individual.

A ICP (*individual contribution plan)* é um método de avaliação utilizado no âmbito das equipes em que todos atribuem notas a si próprios e também aos demais membros da EAG, visando uma mensuração da contribuição de cada indivíduo para o resultado total das atividades da equipe. Este método não está incluído entre os indicadores de PLR, mas acaba interagindo com ela na medida em que os trabalhadores que porventura atrapalhem o alcance das metas pela equipe são aqueles que provavelmente terão uma baixa avaliação pelos seus pares. Neste sentido, o ICP serve como forma de identificação dos empregados "problemáticos", aqueles que emperram o sucesso da equipe. Más avaliações sucessivas podem gerar o pedido de "desligamento" do colega pelo próprio grupo, sendo a participação nas demissões uma das atribuições das EAGs.

---

(48) CAMPINHO, Fábio. Entrevista realizada com membros da Comissão de Fábrica da Volvo, agosto de 2005.

A organização do sistema de PLR pela Volvo busca integrar a possibilidade jurídica advinda da Lei n. 10.101/2000 com as novas possibilidades de gestão, advindas da reestruturação produtiva. A maior esfera de autonomia, conferida às equipes em comparação com as demais montadoras e os mecanismos mais refinados de estipulação de metas, fazem com que o intuito promocional da PLR seja mais bem aproveitado. As metas por equipe constituem, neste caso, um verdadeiro móvel ao incremento do trabalho, gerando autocontrole, controle recíproco e competição entre as equipes. Pacto coletivo e organização flexível interagem criando formas inovadoras de gestão do trabalho, que não alteram a essência da subsunção real do trabalho ao capital e que não fazem do trabalhador um ser para si, mas produzem efeitos reais e alteram a forma do trabalhador ver e sentir o trabalho. Se objetivamente há a incorporação de esferas do trabalho não produtivo dentre as tarefas desempenhadas pelos trabalhadores, isto muitas vezes é visto, subjetivamente, como uma abertura para novas possibilidades de conhecimento e de formação. Se por um lado as aptidões dos trabalhadores só podem ser apreendidas pela gerência depois de mensuradas e quantificadas, tornando a reificação ainda mais profunda, por outro, a exibição da performance individual mobiliza o desejo de reconhecimento e possibilita o investimento no trabalho.

## 2. *ENTRE O NOVO E O VELHO*

A hipótese mestra desta pesquisa era de que a introdução e ampliação da PLR como instrumento de retribuição do trabalho poderia redundar em mudanças na forma de subordinação real do trabalho ao capital e, consequentemente, na subjetividade dos trabalhadores. Tal situação seria de grande relevância para o Direito do Trabalho. Isto porque, ainda que o conceito de subordinação jurídica tenha sido construído com o propósito de desvinculá-lo das condicionantes econômicas e técnicas, tal objetivo não se cumpriu por inteiro. Nem poderia ser diferente. A abstração conceitual não flutua acima da história e das condições materiais. Os conceitos, ainda que pretensamente puros, são possibilitados por relações sociais reais, mesmo que dialeticamente também as possibilitem.

A noção de subordinação jurídica mantém em sua raiz características tributárias de uma forma específica de organização da produção: o taylorismo-fordismo. A direção da prestação do trabalho e o dever de obediência às ordens do empregador (ainda que ambos sejam limitados pela moderna ordem constitucional) reproduzem um paradigma produtivo peculiar ancorado na utilização de técnicas disciplinares de encarceramento dos corpos. A jurisprudência, que operacionaliza e estabelece as fronteiras da subordinação, fixa-se em indícios (submissão a ordens, definição de horário de trabalho, etc.) que, longe de serem abstratos, são datados historicamente. A subordinação é definida por meio de características que, "coincidentemente", são as mesmas que aquelas presentes em uma organização do tipo taylorista-fordista.

A opção dessa pesquisa foi analisar uma forma específica de transformação dentre as diversas que estão se dando atualmente no "mundo do trabalho". Trata-se de uma mutação que vem ocorrendo no interior do trabalho subordinado, também denominada "autonomia subordinada", tendência existente em uma série de organizações produtivas visando diminuir as formas de controle direto da prestação de trabalho, delegando e incorporando novas funções àquelas realizadas pelos trabalhadores do "chão de fábrica". Em vez do supervisor, com seu tradicional papel de vigilância, instituem-se grupos de trabalho responsáveis por atuar de forma mais autônoma, trabalhando em conjunto na consecução das metas propostas pela empresa. Seria uma maneira de trabalho menos baseada na coação e mais na colaboração, menos na coerção e mais no controle por metas.

Os objetivos eram: tentar compreender as relações entre as novas formas de organização da produção, principalmente no que diz respeito ao trabalho em grupo e à ampliação da pactuação de programas de PLR; entender como a PLR incidia sobre o trabalho nas empresas "enxutas" e como as estratégias dessas empresas interagiam com essa nova possibilidade de negociação, e, ainda, quais os possíveis impactos que a pactuação de metas de PLR poderia ter sobre o modo como os trabalhadores veem o seu trabalho e suas relações com a empresa; e, finalmente, saber se a PLR pode funcionar realmente como um móvel de integração entre capital e trabalho, bem como uma forma de aumento da produtividade.

Por vários motivos, optou-se por abordar tais questões a partir de um estudo empírico envolvendo a análise dos acordos de PLR pactuados no âmbito das montadoras de veículos instaladas na RMC.

O primeiro motivo deve-se ao caráter pioneiro das montadoras de automóveis no que diz respeito às formas de organização e gestão do trabalho e da produção, que fez com que as empresas automobilísticas, ao menos durante o século XX, tivessem grande influência na consolidação e expansão de verdadeiros paradigmas produtivos, entre eles o fordismo, o toyotismo e, em menor intensidade, o volvoísmo. Em consequência disso, as próprias transformações atinentes à forma de subordinação do trabalho ao capital ao qual nos referimos (autonomia subordinada) têm suas origens em experiências advindas destas empresas. Em segundo lugar, porque os programas de PLR, por elas pactuados, demonstravam o objetivo de integrar os mecanismos de participação com os objetivos gerenciais de empresas "enxutas". Ao contrário de uma boa parcela dos acordos de PLR em que havia pouca ou nenhuma preocupação com o estabelecimento de metas, utilizando-se do expediente simplesmente como forma de redução de custos ou como diminuição das pressões por aumento salarial, os acordos de PLR das montadoras de veículos, pela sua própria complexidade, demonstravam um interesse claro por parte das empresas em se utilizar do instrumento como forma de regular determinadas questões diretamente ligadas ao processo de reestruturação produtiva. Por último, deve-se ressaltar o aspecto local e regional, que faz da implantação do polo automotivo na RMC um fenômeno que instiga estudos em diversas áreas do conhecimento (economia, geografia, sociologia, administração, direito, etc.).

É fora de dúvida que o tema PLR, em poucos anos, incorporou-se de forma definitiva nas negociações sindicais do SMC, sendo 58 o número de acordos coletivos firmados, segundo dados do DIEESE, referentes ao ano de 2005. Além disso, tais negociações envolveram, neste mesmo ano, um potencial total de pagamento de R$ 57.462.866,00. A expressividade da quantia passou a ter grande importância também como fonte de financiamento sindical, já que em grande parte dos acordos firmados há previsão de uma taxa de negociação coletiva que pode chegar a até R$ 80,00 por empregado abrangido pelo acordo. No âmbito das montadoras, a expectativa em torno do valor da PLR é sempre grande. Trata-se de quantia plenamente incorporada ao padrão de consumo dos trabalhadores, o que a torna, pelo menos sob o ponto de vista subjetivo, uma verba de caráter "habitual". Muitas vezes é comprometida ou despendida antes mesmo do recebimento. Portanto, a importância da PLR nas negociações sindicais e no cotidiano dos trabalhadores é inquestionável, o que faz com que ela desloque parte do interesse pela pactuação salarial.

Entretanto, sob diversos aspectos, as hipóteses que nortearam esta pesquisa não foram comprovadas pela pesquisa de campo. O primeiro destes pontos relaciona-se à capacidade da PLR no que diz respeito a alguns dos objetivos expressos em sua lei instituidora: a integração entre capital e trabalho e o aumento da produtividade. Nas três montadoras analisadas percebeu-se que a pactuação da PLR enseja diversos conflitos, embora estes tenham graus diferenciados. A Volkswagen-Audi é a empresa em que tais conflitos emergiram com maior pujança, como já dito, com a eclosão de duas greves (2004 e 2005) envolvendo o valor da parcela de PLR. Portanto, se a pretensão era estabelecer uma ideia de "dádiva", com o intuito de aumentar a identificação dos trabalhadores para com a empresa, e criar entre os mesmos o sentimento de dívida, não foi isso o que efetivamente ocorreu. Foi preciso pouco tempo para que os trabalhadores passassem a reivindicar a PLR como um direito adquirido, uma compensação financeira inafastável, que, se não compensa, pelo menos ameniza os dias de trabalho estafantes, abrindo novas possibilidades de consumo. E isso foi feito, em certa medida, contra a vontade do sindicato, que em algumas situações perdeu a direção sobre o movimento grevista. Isso não quer dizer que a empresa tenha sido totalmente incapaz de criar sentimentos de pertença entre os trabalhadores e a organização, que a "verdade subjetiva" dos trabalhadores coincida totalmente com a "verdade objetiva" da exploração. Apenas quer-se dizer que nem sempre os expedientes de "valorização das pessoas" (como o grande *outdoor* presente no rol de entrada da empresa, no qual constam fotos de inúmeros "colaboradores" seguidas da frase "todo trabalho tem sua face") produzem efeitos integrais. Conflito e colaboração interagem dialeticamente, com maior incidência de um ou de outro conforme a situação.

Uma segunda questão atinente aos efeitos da pactuação da PLR diz respeito ao aumento da produtividade. Por óbvio, o surto de produtividade, ocorrido no âmbito da indústria automobilística brasileira na década de 1990 e nos primeiros anos deste século, não teve como fator primordial a introdução da PLR, mas sim a implantação de uma nova base técnica (automação) e de novas formas de gestão capazes da diminuir a porosidade do tempo de trabalho (a redução de estoques, o trabalho em grupo, a polivalência, o *just in time*, etc.) e, também, o tempo do ciclo de reprodução do capital. Porém, surge a questão de saber se a pactuação de metas através da PLR pode ser um instrumento de maior engajamento no trabalho e, portanto, de sua intensificação. A resposta de tal questão é de difícil mensuração quantitativa e, por isso, não é por meio de tal viés que se pretende equacioná-la.

O caminho que se traçou para solucionar a questão foi relativamente aberto. Tratou-se de indagar a trabalhadores das montadoras, a representantes das comissões de fábrica e a lideranças sindicais se a metas previstas na PLR motivavam os trabalhadores a aumentar o ritmo de trabalho. Ao menos para duas montadoras (Renault e Volkswagen-Audi) a resposta foi sempre negativa. Não haveria espaço para isso. O ritmo da produção seria cadenciado pela própria velocidade da linha. Dessa forma, a preocupação do trabalhador estaria mais em adaptar-se a esta imposição heterônoma do que em alcançar as metas relativas ao volume de produção pactuadas no âmbito da PLR. O painel luminoso que indica a meta para o turno e a situação em um determinado momento da jornada pouco interferiria no ritmo de trabalho. O importante seria conseguir seguir o fluxo da linha e manter-se são até o fim da jornada. Apesar disso, alguns trabalhadores indicaram que os recém-contratados seriam mais suscetíveis a esse estímulo, o que redundaria na ocorrência de acidentes ou de lesões (LER e DORT).

A mudança de atitude sob a qual a regulação da PLR tem incidência mais direta nas três empresas analisadas diz respeito à regulação do absenteísmo. Não se obteve um índice oficial quanto a isso, mas todos os trabalhadores consultados disseram evitar faltas em decorrência do índice de PLR. No caso da Volvo, a questão é ainda mais problemática, pois o absenteísmo é uma meta fixada por equipe e medida coletivamente. Portanto, além do autocontrole, soma-se neste caso o controle dos demais membros da equipe, que se veem prejudicados no caso de ausência de qualquer dos seus membros. No entanto, não se pode dizer que haja, neste caso, uma verdadeira novidade. Técnicas de combate ao absenteísmo sempre foram utilizadas pelo capital desde os primórdios da industrialização. Exemplo disso foi o tipo penal vigente no Brasil durante a República Velha, que punia com pena de prisão as faltas ao trabalho. A fixação do homem ao aparelho produtivo é objetivo inafastável do sistema capitalista, sem o qual o processo de criação de valor torna-se inviável. A regulamentação deste item por meio da PLR, portanto, não indica nada de novo, mas simplesmente uma utilização tipicamente fordista e disciplinadora do instituto.

Tal situação aponta para uma reflexão sobre as reais dimensões das transformações produtivas advindas do modelo de empresa "enxuta". Se há, no âmbito das três empresas estudadas, a incorporação de um novo discurso gerencial pautado na importância das pessoas, no trabalho em grupo, na polivalência, na diminuição dos graus hierárquicos e na otimização da comunicação dentro do ambiente fabril, nem sempre esse palavrório consolida a efetiva mudança "cultural" a que se propõe. No entanto, é preciso ressaltar que há diferenças entre as empresas analisadas.

São diversas as situações que demonstram que há contradições insolúveis entre o discurso gerencial modernizador, antiautoritário e participativo, com a realidade das relações de trabalho das montadoras (embora tais contradições tenham graus diferentes em cada uma das empresas). As 100 demissões em virtude das paralisações parciais reivindicando um aumento do valor da PLR (Volkswagen-Audi/2005), os constantes relatos de assédio moral e, sobretudo, os altíssimos índices de afastamentos em decorrência de acidentes de trabalho (só no primeiro semestre de 2005, segundo dados do Ministério do Trabalho — DRT/PR, foram 652 acidentes) e de doenças ocupacionais, impõem óbices concretos à ideologia da integração e da convergência de interesses entre capital e trabalho. A PLR torna-se, assim, um polo de conflito.

A gravidade da situação referente às condições de saúde e segurança no trabalho nas montadoras da RMC levou o Governo do Estado do Paraná a instituir, no mês de outubro de 2005, uma força-tarefa com o intuito de averiguar a situação. Esta passou a ser integrada por representantes do Ministério do Trabalho — DRT/PR, Instituto Nacional de Seguridade Social (INSS), da Secretaria do Estado da Saúde (SESA/CEST), da Secretaria do Estado do Trabalho, do Sindicato dos Metalúrgicos de Curitiba (SMC) e das três empresas envolvidas (Volkswagen-Audi, Renault e Volvo). Em dezembro de 2005, foi lançado um relatório preliminar com o diagnóstico da situação de cada uma das montadoras e o indicativo das correções necessárias. Foram avaliadas a infraestrutura, a tecnologia, os métodos de trabalho e os processos produtivos. É extensa a lista dos pontos críticos apontados. Entre eles pode-se citar alguns, referentes ao diagnóstico da Volkswagen-Audi(49):

• "rodízio torna-se ineficaz, face à especialização do trabalho. Ex.: o penteador só faz solda ponto; há necessidade de se ampliar o conceito de polivalência funcional para permitir efetivamente um rodízio de atividades (estamparia e armação).

• reclamação generalizada de falta de trabalhadores nos 'times', adequação da velocidade da linha às restrições do time de montadores, falta de treinamento operacional adequado para os absenteístas.

• *deficiência do rodízio na cabine de pintura por falta de mais trabalhadores (pintura)(50).*"

As conclusões do relatório apontam, entre outras coisas, para a necessidade de as empresas apresentarem "à força tarefa uma proposta de ampliação do quadro de funcionários, visando adequar o balanceamento da linha, os tempos de produção e a ergonomia"(51).

O panorama descrito pela força-tarefa em nada lembra o universo bucólico, pautado no reconhecimento das pessoas, na comunicação e na cooperação, que os ideólogos da administração insistem em propagandear. A polivalência é restrita e o trabalho é fragmentado e repetitivo, com todas as consequências ergonômicas e psicológicas que daí advêm. Quando existe rotatividade de tarefas, esta funciona principalmente como mecanismo de intensificação do trabalho, já que as equipes têm que se desdobrar para manter o ritmo da produção, ainda que com déficit de trabalhadores. A conexão *just in time* com o mercado faz com que o ritmo da linha se sobreponha às limitações humanas, com consequências trágicas para a segurança e saúde dos operários.

O que para uns é incentivo, para outros é razão de angústia e frustração. A versão do gerente de RH de uma das empresas pesquisadas sobre o papel da PLR é claramente excitante:

*Aí que entra o fator motivador. A pessoa sabe, ela conhece quais são as metas do departamento dela, mensalmente nós fazemos uma divulgação pra fábrica de como está cada*

(49) Relatório preliminar da força tarefa do setor automotivo — diagnóstico e indicativo de correções para as montadoras. Disponível em <http://www.viajus.com.br/viajus.php?pagina=artigos&id=372>. Acesso em 15 mar. 2006.

(50) *Idem.*

(51) *Idem.*

*um dos indicadores de cada uma das áreas. O que a gente percebe é assim, as pessoas, é muito comum os times se reunirem pra discutir um indicador que está indo mal, porque eles sabem que aquilo vai tirar dinheiro do bolso deles. Então essa é uma competição, aspas aí, saudável. As pessoas, na medida em que buscam atingir as metas, elas estão contribuindo também para que esta planilha tenha um resultado melhor. Então a gente percebe claramente que é muito motivador. As pessoas trabalham muito pra isso.*(52)

No entanto, o medo de não ser considerado produtivo o suficiente e ser descartado do jogo não é tão estimulante assim. O adoecimento precoce, muito menos. E, ainda menos, o sentimento relatado por um operário da Volkswagen-Audi que dizia se sentir como uma prostituta, que se vende cotidianamente para "ganhar o seu", mas que sai todos os dias do "trabalho" com a autoestima em cacos(53).

(52) KAFROUNI, Maria Ângela Sant`Anna; ARAÚJO, Sílvia Maria. Entrevista n. 3 realizada com gerente de relações trabalhistas e comunicações da Volkswagen-Audi, Unidade Curitiba, em 13 de outubro de 2004.

(53) Transcrição livre de trecho de conversa tida com trabalhador do setor de montagem da Volkswagen-Audi.

## CONCLUSÃO

A PLR introduziu-se definitivamente nos setores mais dinâmicos da economia brasileira. Nas montadoras de automóveis ela é item recorrente nas negociações sindicais, capaz de rivalizar em importância com a fixação de reajustes salariais na respectiva data-base. Tanto os órgãos de representação dos trabalhadores (sindicatos e comissões de fábrica), quanto as empresas analisadas são unânimes em apontar seus benefícios, embora muitas vezes por razões diversas. Para os primeiros, a PLR é uma oportunidade de ganho extra capaz de compensar em certa medida as dificuldades de aumento salarial, além de propiciar uma maior aproximação por parte do sindicato das questões internas das empresas, bem como dos próprios trabalhadores. Para as empresas é oportunidade de redução de custos, de flexibilização do sistema remuneratório e, também, de articulação da forma de retribuição do trabalho com os mecanismos de gestão típicos das empresas enxutas.

A integração entre a PLR e os mecanismos de gestão baseados no trabalho em grupo, na polivalência, na valorização da qualidade, na redução dos níveis hierárquicos, etc., não é um processo pacífico e transparente. Os objetivos propugnados pela Lei n. 10.101/2000 de "integração entre capital e trabalho" e "aumento da produtividade" nem sempre são alcançados. A passagem das metas ao engajamento subjetivo no trabalho não é automática nem linear.

O aspecto motivacional da PLR só pode ser efetivo na medida em que exista um espaço real (ainda que limitado) de autonomia dentro dos grupos de trabalho. É este perímetro de liberdade que possibilita o investimento no trabalho e, portanto, a persecução dos resultados. Se a regra, como observado em parte das montadoras (com exceção da Volvo), é a heteronomia radical típica do taylorismo-fordismo (ainda que com alguns elementos toyotistas), simplesmente segue-se a cadência imposta. Desta forma, a própria noção de metas perde parte de seu sentido. Adapta-se o trabalho ao ritmo externo da linha. O objetivo não é cumprir metas, mas harmonizar o corpo à velocidade estipulada por outrem.

Com pouca margem de liberdade, a experiência do trabalho transforma-se em sentimento de sujeição. Neste caso, a PLR torna-se um móvel de conflitos, pois a parcela deixa de ser vista como "dádiva" e torna-se retribuição necessária. Vende-se o trabalho, sacrifica-se o corpo e a saúde. Deve haver uma recompensa pecuniária considerável por isto. A PLR é uma delas. A fixação de seus valores e sua apuração enseja lutas, ainda que amenizadas pelo perfil conciliador do sindicato. Há grande distância da situação de integração e harmonia almejada pelas empresas. A PLR mantém-se como instrumento de redução de custos, mas é incapaz de fomentar laços comunitários como o compromisso e o sentimento de pertença.

No caso da Volvo é nítida a diferença. O espaço da autonomia dentro do trabalho subordinado é mais amplo, o que possibilita que a PLR tenha um maior apelo promocional. A PLR interage de forma nítida com as atividades desenvolvidas no âmbito das equipes autogerenciáveis, principalmente no que se refere às metas por equipe. Conectou-se o instrumento jurídico com os programas introduzidos a partir da reestruturação da empresa. Os KPIs (*Key Performance Indicators*), que medem itens chave do desempenho das equipes (qualidade, absenteísmo, casa limpa e propostas de melhorias), integram o acordo de PLR.

A maior ou menor capacidade da PLR de alterar as formas reais de subordinação do trabalho ao capital, substituindo o poder de mando tradicional pelo controle por meio da fixação de metas, depende de aspectos mais amplos referentes à forma de gestão do trabalho na empresa. A maior ou menor autonomia concedida aos grupos de trabalho é um aspecto decisivo capaz de fazer da PLR um mecanismo realmente inovador, ou apenas um expediente secundário e residual.

A PLR é incapaz de por si só gerar integração, engajamento e acréscimo de produtividade. Pode envolver tanto comprometimento como conflito, ou melhor, envolve ambos, mas em medidas diferentes. A tendência por um lado ou por outro diz respeito, em certa medida, às opções relativas ao modelo de participação acordado, mas, sobretudo, a aspectos externos ao acordo: o perfil da representação dos trabalhadores, o modelo de gestão da empresa, incluindo aí o grau de autonomia conferido aos trabalhadores no exercício de suas atividades, as condições de trabalho, o perfil remuneratório, o grau de respeito ao exercício dos direitos de auto-organização dos trabalhadores, seja no tocante às liberdades sindicais, seja no que atine à organização por local de trabalho.

As opções diferenciadas com relação à conformação do acordo de PLR estão relacionadas a diferentes possibilidades e arranjos no exercício do poder empresarial e também a diferentes estratégias dos órgãos de representação dos trabalhadores.

Nos casos analisados percebeu-se que tanto o sindicato quanto as comissões de fábrica priorizam os aspectos econômicos da PLR. Sua preocupação maior diz respeito ao valor negociado e, consequentemente, às diversas formas possíveis de distribuição deste valor. A opção pelo valor igualitário ou pelo valor misto (parte igual + parte proporcional) é foco de constantes conflitos, havendo divergência, inclusive, entre os representantes dos trabalhadores.

A escolha das metas é atribuição da empresa no processo de negociação. A contraprestação pelo valor a ser "concedido" é a possibilidade de a empresa disciplinar, por meio da PLR, aspectos chave referentes à gestão, como: qualidade, absenteísmo, volume de produção, etc.

Diversas vezes o sindicato, ou até mesmo a comissão de fábrica, é incapaz de avaliar e dimensionar o impacto dessas metas. O mesmo se pode dizer com ainda mais intensidade quanto aos trabalhadores. Se as metas são alcançadas e o valor pago integralmente, dissipam-se os conflitos. Mas no caso do não atingimento aumentam-se as tensões, o estímulo esvai-se e proliferam-se insatisfações. Isto principalmente nos casos em que a frustração dos objetivos não diz respeito diretamente à atividade dos trabalhadores, como, por exemplo, numa queda no volume de produção decorrente de problemas no fornecimento de peças. É tênue a linha entre motivação e desalento, entre engajamento e conflito, principalmente quando por questões alheias à PLR estão esgarçadas as relações de confiança entre os trabalhadores e a empresa. Por isso, a pactuação do acordo de PLR é sempre um risco, tanto para a empresa quanto para o sindicato. Risco que este último busca atenuar com a estipulação de uma parcela fixa, desvinculada de qualquer meta ou lucro, paga logo após a celebração do acordo.

Diante dos casos analisados, percebeu-se que a negociação e a efetiva implantação da PLR são incapazes de conter os antagonismos. Pelo contrário, o maior ou menor grau de conflitos existente na estipulação e aplicação da PLR se dá em função de aspectos que lhe são exteriores e que dizem respeito, de forma ampla, às características das relações de trabalho na empresa.

## REFERÊNCIAS BIBLIOGRÁFICAS


ALVES, Maria Helena Moreira. *Estado e Oposição no Brasil:* (1964-1984). Petrópolis: Vozes, 1984.

ANDERSON, Perry. Balanço do Neoliberalismo. In: SADER, Emir; GENTILI, Pablo (Orgs.). *Pós-neoliberalismo*: as políticas sociais e o estado democrático. Rio de Janeiro: Paz e Terra, 1995. p. 11.

ANTUNES, Ricardo. *Os sentidos do Trabalho*: ensaio sobre a afirmação e negação do trabalho. 6. ed. São Paulo: Boitempo, 2002.

ASSIS, Rui. *O poder de direção do empregador*. Coimbra: Ed. Coimbra, 2005.

BARASSI, Lodovico. *Il diritto del lavoro*. Milano: Dott. Giuffrè, 1949.

BATALHA, Wilson de Souza Campos. *Direito do Trabalho e Participação nos Lucros*. São Paulo: Max Limonad, 1954.

BIHR, Alain. *Da grande noite à alternativa*: o movimento operário europeu em crise. 2. ed. São Paulo: Boitempo, 1998.

BOURDIEU, Pierre. *Meditações pascalianas*. Rio de Janeiro: Bertrand Brasil, 2001.

CARDOSO, Adalberto Moreira. *Trabalhar, verbo transitivo*: destinos profissionais dos deserdados da indústria automobilística. Rio de Janeiro: FGV, 2000.

CARONE, Edgar. *A república velha*: instituições e classes sociais. São Paulo: Difusão Européia do Livro, 1970.

CARVALHO NETO, Antônio Moreira de. *A negociação coletiva como expressão das relações de trabalho*: estudo do caso brasileiro de 1992 a 1998. Belo Horizonte: CEPEAD/Universidade Federal de Minas Gerais, Tese de Doutorado em Administração, 1999.

_______. Reestruturação Produtiva, Jornada de Trabalho e Participação nos Lucros ou Resultados: novos temas negociados entre empresários e trabalhadores brasileiros, de 1992 a 1998. In: NABUCO, Maria Regina (Org.) *Relações de Trabalho Contemporâneas*. Belo Horizonte: Ação Comunitária, 1999.

CASTEL, Robert. *As metamorfoses da questão social*: uma crônica do salário. 4. ed. Petrópolis: Vozes, 1998.

COLLER, Xavier. *La empresa flexible*: estudio sociológico del impacto de la flexibilidad en el proceso de trabajo. Madrid: CIS (Centro de Investigaciones Sociológicas) e Siglo XXI de España, 1997.

CORIAT, Benjamin. *Pensar pelo avesso*. Rio de Janeiro: Revan, 1994.

CORREAS, Óscar. *Crítica da Ideologia Jurídica*: ensaio sócio-semiológico. Porto Alegre: Sérgio Antônio Fabris, 1995.

COUTINHO, Aldacy. *Poder Punitivo Trabalhista*. São Paulo: LTr, 1999.

DE LA CUEVA, Mario. *Derecho Mexicano del Trabajo*. 3. ed. México: Porrúa, 1949, Tomo I.

DEJOURS, Cristophe. *A banalização da injustiça social*. 4. ed. São Paulo: FGV, 2001.

DELEUZE, Gilles. *Conversações*. Rio de Janeiro: Ed. 34, 1998.

DELGADO, Mauricio Godinho. *Curso de Direito do Trabalho*. São Paulo: LTr, 2004.

DI SERIO, Luis Carlos. Tecnologia, inovação e competitividade: o caso Volkswagen do Brasil. Disponível em <"http://www.fgvsp.br/academico/professores/Di_Serio/VW.doc>. Acesso em 20 mar. 2006.

DIEESE, *Um balanço da participação nos lucros e resultados das empresas* (1996-1999). Pesquisa DIEESE, n. 16, janeiro de 2000.

DUSSEL, Enrique. *Metodologia para uma ética da libertação*: superação analética da dialética hegeliana. São Paulo: Edições Loyola, 1986.

FAUSTO, Boris. *Trabalho urbano e conflito social*. 5. ed. Rio de Janeiro: Bertrand Brasil, 2000.

FERNANDES, Antônio Lemos Monteiro. *Direito do Trabalho*. 12. ed. Coimbra: Almedina, 2004.

FIRKOWSKI, Olga L. C. de Freitas. Industrialização, questão ambiental e mercosul: breve análise da inserção do Paraná. In: R. RA'E GA, Curitiba, n. 2, p. 85-106. Ed. UFPR.

FORRESTER, Viviane. *O horror econômico*. 4. ed. São Paulo: Unesp, 1997.

FOUCAULT, Michel. *A ordem do discurso*. São Paulo: Edições Loyola, 1996.

_______. *A verdade e as formas jurídicas*. Rio de Janeiro: Nau Editora, 1996.

_______. *Em defesa da sociedade*: curso no Collège de France (1975- 1976). São Paulo: Martins Fontes, 1999.

_______. *História da sexualidade I*: a vontade de saber. 10. ed. Rio de Janeiro: Graal, 1988. 3 v.

FRENCH, Jonh. *Afogados em leis*: a CLT e a cultura política dos trabalhadores brasileiros. São Paulo: Perseu Abramo, 2001.

GALLEGO, Elio A. *Tradición Jurídica y Derecho Subjetivo*. Madrid: Dykinson, 1996.

GONZALEZ, Ismael. *Participação dos empregados nos lucros ou resultados como meio de sua integração na empresa*. São Paulo, 1999, 319 p. Tese (Doutorado em Direito) — USP.

GORZ, André. *Adeus ao proletariado*. Rio de Janeiro: Forense, 1982.

GOUNET, Thomas. *Fordismo e Toyotismo na Civilização do Automóvel*. São Paulo: Boitempo, 2002.

Grupo Krisis, *Manifesto contra o trabalho*. Disponível em <www.krisis.org>. Acesso em 12 mai. 2006.

GUIMARÃES, Lélia. Natureza Jurídica da Participação nos Lucros ou Resultados. In: SILVESTRE, Maria Rita; NASCIMENTO, Amauri Mascaro (Orgs.). *Os novos paradigmas do Direito do Trabalho*. São Paulo: Saraiva, 2001.

HARDT, Michael; NEGRI, Antônio. *O Império*. São Paulo: Ed. Record, 2002.

HARVEY, David. *Condição Pós-Moderna*: uma pesquisa sobre as origens da mudança cultural. 7. ed. São Paulo: Loyola, 1998.

KAFROUNI, Maria Ângela Sant`anna. *Participação nos lucros e resultados na indústria automobilística do Paraná:* um sistema de trocas para além das mercadorias. Curitiba, 2005, 157 p. Dissertação (Mestrado em Sociologia) — Setor de Ciências Humanas, UFPR.

KAHN-FREUND, Otto. *Trabajo e Derecho*. 3. ed. Madrid: Ministerio de Trabajo y Seguridad Social — Espana, 1987.

KREIN, José Dari. Reforma Trabalhista de FHC: análise de sua efetividade. *Revista Trabalhista*, vol. II, 2002.

KURZ, Robert. *O colapso da modernização*: da derrocada do socialismo de caserna à crise da economia mundial. 5. ed. rev. Rio de Janeiro: Paz e Terra, 1992.

LAZZARATO, Maurizio; NEGRI, Antônio. *Trabalho Imaterial*: formas de vida e produção de subjetividade. Rio de Janeiro: DP&A, 2001.

MACHADO, Sidnei. *A subordinação jurídica na relação de trabalho:* uma perspectiva reconstrutiva. Curitiba, 2003. Tese (Doutorado em Direito) — Setor de Ciências Jurídicas, UFPR.

MARTINS, Ives Gandra da Silva. As entidades sem fins lucrativos e a participação de empregados no lucro das empresas. *Revista do Tribunal Superior do Trabalho*, Rio de Janeiro, v. 65, p. 201-209, out./dez. 1999.

MARTINS, Sérgio Pinto. *Participação dos empregados nos lucros das empresas*. São Paulo: Malheiros, 1996.

MARX, Karl. *O capital*: crítica da economia política. 20. ed. Rio de Janeiro: Civilização Brasileira, 2002, livro 1, v. 1.

MARX, Roberto. *Trabalho em grupos e autonomia como instrumentos de competição*. São Paulo: Atlas, 1998.

MELGAR, Alfredo Montoya. Sobre el trabajo dependiente como categoria delimitadora del derecho del trabajo. In: VILLALÓN, Jesús Cruz (Org.). *Trabajo subordinado y trabajo autónomo en la delimitación de fronteras del derecho del trabajo*. Madrid: Tecnos, 1999.

MELHADO, Reginaldo. *Poder e Sujeição*: os fundamentos da relação de poder entre capital e trabalho e o conceito de subordinação jurídica. São Paulo: LTr, 2003.

MELLO E SILVA, Leonardo. *Trabalho em Grupo e sociabilidade privada*. São Paulo: USP, 2004.

MEZA, Maria Lúcia F. G. de. O modelo de gestão por competências: um estudo de caso na indústria automotiva paranaense. In: *Workshop — Indústria Automobilística: Trabalho e Território*, 2004, Curitiba: *Cd-Room*, Curitiba, 2004.

MIRANDA, Pontes. *Comentários à Constituição de 1946*. Rio de Janeiro: Henrique Cahen Editor, Tomo IV.

MORAES, Evaristo de. *Apontamentos de Direito Operário*. 3. ed. São Paulo: LTr, 1986.

MORAES FILHO, Evaristo, *Introdução ao Direito do Trabalho*. São Paulo: LTr, 1971.

MORASSUTI, Carlos. *O Viking* (publicação da Comissão da Fábrica da Volvo do Brasil). Curitiba, março de 2003.

MOTIM, Benilde M. Lenzi; FIRKOWSKI, Olga L. de Freitas, ARAÚJO, Sílvia Maria P. de. Indústria Automobilística do Paraná: implicações sobre o emprego e as relações de trabalho. In: NETO, A. M. de (Org.). *Indústria automotiva*: a nova geografia do setor produtivo. Rio de Janeiro: DP&A, 2002.

_______. *Desconcentração da indústria brasileira e seus efeitos sobre os trabalhadores*: a indústria automobilística no Paraná. Trabalho apresentado no IV Colóquio Internacional de Geocrítica. Barcelona 27, 28, 29 e 30 de maio de 2002.

NEGRÃO, João José. *Para conhecer o neoliberalismo*. São Paulo: Publischer Brasil, 1998.

NEGRI, Antônio. Constituent Republic. In: VIRNO, Paolo; HARDT, Michael, *Radical thought in Italy*. Minneapolis: University of Minnessota Press, 1996.

OFFE, Claus. *Trabalho e Sociedade*. Vol. 1. Rio de Janeiro: Tempo Social, 1989.

OIT (Organização Internacional do Trabalho), *Declaração da Filadélfia*. (Disponível em <"http://www.ilo.org/public/portugue/region/eurpro/lisbon/html/filadelfia.htm>. Acesso em 5 maio 2006.

OLIVEIRA, M. A. *Tendências recentes das negociações coletivas no Brasil*. In: ENCONTRO ANUAL DA ANPOCS, XXV, 2001, Caxambu.

RAMALHO, Agostinho. *A ciência do direito:* objeto, conceito e método. 2. ed. Rio de Janeiro: Renovar, 2001.

*Relatório preliminar da força tarefa do setor automotivo — diagnóstico e indicativo de correções para as montadoras*. Disponível em <"http://www.viajus.com.br/viajus.php? pagina=artigos&id=372">. Acesso em 15 mar. 2006.

RODRÍGUEZ-PIÑERO, Miguel; BRAVO-FERRER. Contrato de Trabajo e autonomia del trabajador. In: VILLALÓN, Jesús Cruz (Org.). *Trabajo subordinado y trabajo autónomo en la delimitación de fronteras del derecho del trabajo*. Madrid: Tecnos, 1999.

ROMITA, A. S. A participação nos lucros à luz das medidas provisórias. *Trabalho & Processo*. São Paulo, v. 6, p. 6-19, set. 1995.

ROSDOLSKY, Roman. *Gênese e estrutura de O capital de Karl Marx*. Rio de Janeiro: EDUERJ Contraponto, 2001.

SARAZATE, Paulo. *Participação nos lucros e na vida das empresas*. Rio de Janeiro: Livraria Freitas Bastos S. A. 1968.

SENNET, Richard. *A corrosão do caráter*. 6. ed. São Paulo: Ed. Record, 2002.

SIGAUD, Lygia. *O clandestinos e os direitos*: estudos sobre trabalhadores da cana-de-açúcar de Pernambuco. São Paulo: Duas Cidades, 1979.

SILVA, Elizabeth Bortolaia. *Refazendo a Fábrica Fordista*: contrastes da indústria automobilística no Brasil e na Grã-Bretanha. São Paulo: Ed. Hucitec, 1991.

SIMONSEN, Mário Henrique. *30 anos de indexação*. São Paulo: Fundação Ed. Getúlio Vargas. 1995.

SIQUEIRA NETO, José Francisco. *Liberdade sindical e representação dos trabalhadores nos locais de Trabalho*. São Paulo: LTr, 1999.

SUPIOT, Alain (Coord.). *Transformações do trabalho e futuro do Direito do Trabalho na Europa*. Coimbra: Coimbra Ed., 2003.

SÜSSEKIND, Arnaldo. *Curso de Direito do Trabalho*. Rio de Janeiro: Renovar, 2002.

TAYLOR, Frederick Winslow. *Princípios da administração científica*. 8. ed. São Paulo: Atlas, 1990.

TUMA, Fábia. *Participação nos lucros ou resultados*: incentivo à eficiência ou substituição dos salários. São Paulo: LTr, 1999.

VIANNA, Márcio Túlio. *Direito de Resistência*. São Paulo: LTr, 1996.

VILLALÓN, Jesús Cruz. El proceso evolutivo de delimitación del trabajo subordinado. In: VILLALÓN, Jesús Cruz (Org.). *Trabajo subordinado y trabajo autónomo en la delimitación de fronteras del derecho del trabajo*. Madrid: Tecnos, 1999.

WEBER, Max. *Parlamento e Governo na Alemanha Reordenada*: crítica política do funcionalismo e da natureza dos partidos. Petrópolis: Vozes, 1993.

WEITZMAN, L. Martin. *A economia participativa*: superando a estagflação. São Paulo: Pioneira (USP), 1987.

ZYLBERSTAJN, Hélio. A PLR e o mercado de capitais. In: CHAHAD, José Paulo Zeetano; PICCHETTI, Paulo (Orgs.). *Mercado de Trabalho no Brasil*: padrões de comportamento e transformações institucionais. São Paulo: LTr, 2003.

**1. Lista de entrevistas realizadas pelo autor**

CAMPINHO, Fábio. Entrevista n. 1 realizada com diretor do SMC, março de 2006.

_______. Entrevista n. 2 realizada com coordenador da Comissão de Fábrica da Volkswagen-Audi, março de 2006.

_______. Entrevista n. 3 realizada com membros da Comissão de Fábrica da Volvo, agosto de 2005.

**2. Lista de entrevistas cedidas pelos membros do NUPESPAR (Núcleo de Pesquisa e Estudos do Sindicalismo do Paraná — UPFR)**

ARAÚJO, Silvia A. P.; BRIDI, Maria Aparecida; PENKAL, Royemerson. Entrevista n. 4 realizada com membros da Comissão de Fábrica da Volvo, agosto de 2004.

KAFROUNI, Maria Ângela Sant`Anna. Entrevista n. 5 realizada com técnico em manutenção, jan. 2005.

_______; ARAÚJO, Silvia Maria. Entrevista n. 6 realizada com gerente de relações trabalhistas e comunicação da Volkswagen-Audi, outubro de 2004.

PAIXÃO, Ezequiel da. Entrevista n. 7 realizada com montador da Volkswagen-Audi, setembro de 2004.

*Produção Gráfica e Editoração Eletrônica:* LINOTEC
*Capa:* ELIANA C. COSTA
*Impressão:* ASSAHI GRÁFICA E EDITORA